「とにかく優位に立ちたい人」を軽くかわすコツ

オールイズワン代表 心理カウンセラー
石原加受子

Gakken

はじめに

「うるさい！　口答えするなッ。お前は言われた通りにすればいいんだよッ！」

「何回言ったらわかるのよ。だから、あなたはダメなのよ」

「どうせまた、失敗するに決まっているよ」

「まだやってなかったの？　どうしてあなたは、そんなに愚図なのッ」

「私、○○大卒だけど、あなた、どちらのご出身でしたっけ？」

「よくまあ、そんなレベルで、クビにならなかったのが不思議だよ」


あなたは誰かから、こんな言い方をされたことはありませんか？

相手を攻撃し、責任から逃れて、自分だけ一段高い、安全な位置にいる人たち……。


どこの職場にも、近所にも、場合によっては家庭の中にまで、とにかく相手よりも優位に立ちたがる人たちがいます。

誰もがいざ、こうした「優位に立ちたい人」を前にすると、何か言いたくても、その強烈さからつい尻込みしてしまいがちです。

もし、そんな人が職場にひとりでもいれば、緊迫した空気が漂って、毎日、針のムシロのような気分で仕事をすることになるでしょう。

優位に立ちたがる人たちは、職場でも目立ちます。

彼らが我が物顔でその場を仕切っていても、騒動を起こしたくないという思いから、周囲の人たちは黙認していることが多いでしょう。

傲慢な態度で恫喝されれば、恐怖心から、黙って従うしかありません。

また、もうひとり優位に立ちたい人がいて、「自分もあんな立場に立とう」と争いを挑めば、職場は、戦々恐々とした空気になっていくでしょう。

一般的な目で見れば、優位に立ちたい人たちのほうが、得をしているように映るかもしれません。実際に、重要なポストについている人たちも少なくありません。

そんなこともあってか、多くの人たちが、優位に立てば、自分の人生が有利に展開する、自分の望むことを達成できる、成功できる、幸せさえも手に入ると、思い込んでいます。

けれども、ほんとうにそうでしょうか。

彼らは、表面的には傲慢だったり慇懃無礼だったりして、威張っているように見えるかもしれません。けれども、人の心の内とは、自分がその立場になってみなければ、案外、わからないものです。

最近、顕著になってきているのは、こんな「優位に立ちたい人」たちに対する悩みの相談です。ところが同様に、恐らく周囲からは「優位に立っている」と目されている人たちからの相談も増えています。

しかも、彼らは一様に「自分自身が傷つけられている、攻撃されている」と主張します。

確かに、彼らの目線から見ると、そう見えなくもありません。

一見、そうは思えないかもしれませんが、彼らは自分を守ろうと必死になっていて心の余裕がありません。そんな相手に、変わるようにと迫ったとしても、いっそう関係が悪化するだけでしょう。

優位に立ちたい人たちと争って、仮に勝つ可能性があったとしても、結局、自分を傷つけるだけなのです。

そんな相手との関係を「自分の問題」として捉えれば、

・自分が、そんな相手と、どう付き合うか

・そんな相手の言動に対して、自分を傷つけないために、どうするか

こんな視点に立って、「争わないで、自分を守るスキル」を身につけたほうが、はるかに賢明です。

本書では、そんな「とにかく優位に立ちたい人」たちの言動を事例とともに検証し、「軽くかわすコツ」をお伝えしたいと思います。

石原加受子

第1章 なぜ、あの人の話は「イラッ！」として、「カチン！」とくるのか？

第2章

4つの脳タイプでわかる！「優位に立ちたい人」の正体とは？

第3章
「優位に立ちたい人」の〝弱点〟を押さえよう

第4章

「優位に立ちたい人」に振り回されない自分をつくるレッスン

第5章

「優位に立ちたい人」とは、争わずに〝距離〟を置く

イラスト／村山宇希（ぽるか）
カバーデザイン／小口翔平＋山之口正和（tobufune）
本文デザイン・DTP／アスラン編集スタジオ（伊延あづさ・佐藤純）

第1章

なぜ、あの人の話は「イラッ！」として、「カチン！」とくるのか？

1 いつもさりげなく、チクリと攻撃してくるあの人。一体、何が目的なの!?

◆職場、マンション、ＰＴＡ…。必ず一人は「あの人」がいる！

そばにいるだけで〝苦痛をもたらす人〟がいます。

姿を目にするだけで〝苦しみを与える人〟がいます。

もしかしたら、そんな人たちは、何が何でも、人を傷つけないではいられない人たちなのかもしれません。


たとえば、次のように攻撃的な言葉を掛けてくる人たちがいます。

「こんなことも知らないの？」

「そんなやり方で、うまく行くと思ってるの？」

「あぁ、それはもう失敗だ！」

「もっと要領よくやらなくちゃダメだよ」

「その服、２年くらい前にも着ていたよね」

「私よりも、○○さんのほうがミスが多いじゃない」

「遠慮するなんてヘンよ。手伝ってあげるって言ってるでしょ」

「最近、やつれて見えるけど、大丈夫？　なんだ、すっぴんだったのね」

「あなたのせいで、また、私たちが注意されちゃったんだからね」

「そんなことばっかりしているから、なめられるんだよ」

「どうして、自分勝手に判断するんだよ。お前は社長か！」

「いちいち、聞いてくるんじゃないよ。

少しは自分の頭で考えて行動したらどうなんだ」

「こんなこともできなくて、よく、会社に平気でいられるわね」

その人と会った後に、ドッと疲れてしまう。

一言二言、言葉を交わしただけで、なんとなく傷ついた気分になる。

悪い人ではないのだけれど、なぜかコメントの中に、「イラッ」としたり、「カチン！」とくる言葉が入っている。

嫌われる理由がないのに、冷たい態度をとられて不安になる。

友達なのに、いつも上から目線で話をしてきて腹が立つ。

丁寧な言葉遣いだけれど、どことなく悪意があるように感じて「ドキリ」としてしまう――。


それは、無意識に、相手が「人を傷つけること」を目的にしているからです。

もっとも、これは無意識でのことですから、自分がそんな目的を持っているという自覚のない人たちも少なくありません。

けれども中には**「私をちょっとでも傷つけたら、絶対に許さない！」**という鬼気迫るパワーを発していて、面と向かうと、自由に息をすることすら咎められそうなほど緊張してしまうような相手もいます。

その一方で、取り立てて、相手が自分に対して何かをしてくるわけではない。悪意を持って具体的に嫌がらせをしてくるというわけではない。

にもかかわらず、側にいるだけで息苦しくなったり、耐えがたい苦痛を覚えたりしてしまう。そんな相手も、いるのではないでしょうか。

◆「優位に立ちたい人」の〝圧力〟は、軽くかわす！

ひとたびそんな人と関わりを持ったらたまりません。たとえば職場でも、そんな人が一人存在するだけで、仕事に集中できなくなるばかりでなく、やがて、会社に行くこともつらくなっていくかもしれません。

かといって、離れたくても、どうすれば離れられるのかがわかりません。気にしないようにしようと頭で考えても、無駄です。むしろそうやって毛嫌いしながら遠ざけようとすればするほど、いっそう気になっていくことでしょう。

何とか相手にわかってもらおうと努力したとしても、それも空回りで終わるでしょう。反対に、いっそう相手が気になって、ますます苦しくなるでしょう。

そんな人たちに好かれようと、

「私が何か悪いことをしたのかな？」

「怒らせるようなことを言ったかな？」

「私が気をつければ、あの人もこんなことをしなかったはず」

などと、あれこれ思い悩む必要はありません。

「優位に立ちたい人」の特徴や言動パターンを知り、有効な対処法を身につければ、軽くかわしてしまうことができるのです。


では、優位に立とうとしないではいられない人たちの「心の中」とは、一体どうなっているのでしょうか？

「カチン！」とくることを言われても気にならない。
「優位に立ちたい人」のパターンを知り、軽くかわすことが大切

2 「優位に立ちたい人」の心の中とは？

◆傷つくことを恐れて、人を攻撃してしまう

先ほど「優位に立ちたい人」は、無意識にこちらを「傷つける」ことを目的にしていると説明しました。この「傷つける」とは、要するに、何らかの手段を用いて「攻撃する」ということです。

ただ、この「傷つく」ということに関しては、攻撃される人だけではなく、攻撃する人も傷つきます。攻撃するから傷つかないというわけではありません。

相手に傷つく言葉を投げかけたり、相手を傷つける行動をとることで、知らな

いうちに、攻撃している当人も、自分の行為に傷ついていきます。

たとえば、自分の学歴を自慢したい人が、相手に、「私の親しい同級生は、医者や大学教授ばかりなんだ。議員になった人もいるわ」と言ったとしましょう。こんな言葉の裏には、逆に、自分の親しい同級生に対して、自慢したい本人がコンプレックスを抱いています。

当然、相手は傷つきますが、その言葉を発した当人も、同様に、自分が発した言葉によって傷つくのです。

優位に立ちたい人は、もともと「自分は劣っている」という思いを持っているため、そこを他人から指摘されることを極度に恐れています。

その恐れから、指摘される前に攻撃を仕掛けてしまうのですが、そこで自分の発した言葉によってさらに劣等感を刺激され、傷を深めていくのです。

客観的に見て、それがどんなに理不尽な理由であったとしても、傷つけた側である当人自身が傷ついている事実には変わりません。

しかも、相手を傷つける目的で攻撃している人は、実際に攻撃をしているその最中に、恐らく**「今度は自分が傷つけられるのではないか」**という不安や恐れとともに相手を傷つけています。

傷つけられれば、もちろん傷つきます。しかし、「傷つく」という点においては、加害者と被害者、どちらも同じように傷つくといえるのです。

他者に対して何が何でも優位に立ちたい人の心の奥には、こうした「傷つくことを極端に恐れる」心が潜んでいるのです。

これから後の章でも、折りにふれて話に出てくると思いますが、「とにかく人より優位に立ちたい」という強烈な意識を発している人たちは、無意識のところで、人を傷つけることを目的としています。

そしてそれは、元をただせば、自分自身が「非常に傷ついているから」でもあるのです。

**相手を傷つける言葉や行動をとることで、知らないうちに、
攻撃している当人も自分の言葉に傷ついている**

3

「円満」を要求される息苦しい社会

◆人と接することに警戒心が高まっている

昨今では、家庭でも学校でも、子供には、まず人を警戒することを教えます。街で、転んだ子供に大人が手を貸そうとすると、まるで誘拐されるのではないかという勢いでその手を振り払い、一目散に逃げていくという場面を目撃したことがあります。仕方のないことかもしれませんが、人の善意も素直に受け止めることができない社会になりつつあるのかと、一抹の寂しさを覚えます。

そんな傾向に驚きつつ周囲を見回してみると、子供に限らずすべての人が、人との関わりに無関心を装っていたり、周囲を警戒して身構えていたりと、どことなく緊張しているふうに見えなくもありません。実際に、会社に行くのが怖い、外に出るのも怖い、という悩みを持つ人たちは確実に増えてきています。

私のセミナーやカウンセリングに集ってくる人たちに、

「初対面で会う人に対して、どういうふうに認識していますか？」

と尋ねたことがあります。

相手に対して「好意的な気持ち」で迎えるか、「警戒するような気持ち」で迎えるかを目安にして、一人ひとりに聞いていくと、

「警戒心があるかどうかわからないけれども、緊張します」

「少なくとも、好意的な気持ちではないと思います」

などと、人間関係に否定的な答えをする人たちが少なくありませんでした。

「人間が大好きで、大好きで、知らない人との新しい出会いが楽しみでたまりません！」

という人は、もはや少数派なのかもしれません。

とはいえ、そのように人間関係に警戒心を持った人たちに対して、「人を信じましょう」と一概にアドバイスできるものでもありません。

◆「みんな仲良く」を強制されることのストレス

たとえば、学校教育では当たり前のこととして、「みんな仲良く、助け合わなければならない」と教えられます。「いじめをしてはいけない」という文言を規則に並べている学校もあって、人間関係を円満に保つことは学校教育の前提となっています。けれども、そんな前提を受け入れられず、精神面で困難を抱えている人は少なくありません。

私のカウンセリングやワークショップを通じて寄せられる相談内容で、少なくないのは、**「みんなと親しく、波風を立てず、円満に過ごさなければいけないことにストレスを感じる」**という悩みです。

「どうして円満がいけないんですか？　むしろ、いいことじゃないでしょうか」

と言いたくなる人もいるかもしれません。

なぜ、円満であることにストレスを感じるのでしょうか。

現代社会において、学校や会社といった組織には、数々の「倫理基準」が設定されています。

「争ってはいけない。組織内で円満な人間関係を築かなければならない」

社会人は誰もが、この基準は守らなければなりません。

もしも職場に嫌いな人がいたとしても、仲良くすることが前提ですから、お互いの主張をぶつけて対立することも許されず、常に円満な関係を目指す必要があります。

こうした状況で、もしも職場の誰かとトラブルが発生しても争ってはいけないのなら、そのトラブルを「なかったこと」にせざるを得なくなるでしょう。

最初から、「～すべきである、～すべきではない」と規則で決められてしまったら、あなたは嫌いな人に対しても、職場の誰かとトラブルが起こった際にも、「我慢しようとする」でしょう。そうした我慢のストレスが、友好的な攻撃性、つまり「優位に立つ」という方法で相手に向けられるのです。

4

こうして「優位に立ちたい人」は生まれる！

◆出口を失った「感情」が「攻撃」に変わる

これは、あなただけに限ったことではありません。優位に立とうとする相手のほうも同様です。相手は相手で、「波風を立てないようにしなければならない」「争わず、円満に」などと、心に強くブレーキをかけて我慢しようとするでしょう。

万人と仲良くすることは人間関係の理想ですが、この理想を実現することは容易なことではありません。人には相性もありますし、育ってきた背景から生じる意見の違いもあります。

そんな中で、**お互いに、相手に対して嫌いな「感情」を抱いたとしても、「波風を立ててはいけない」という「思考」で自分を縛ることになるのです。**

明らかに趣味も意見も違っている相手とあなたが、お互いに我慢をしながら、職場仲間と輪になって、一緒に昼食をとる光景をイメージしたとき、あなたの心の中はどうなっているでしょうか。

きっと、「波風を立ててはいけない」という規則とは、裏腹な気持ちを抱いてしまうのではないでしょうか。

もちろん、「職場で波風を立ててはいけない」という指示に従ってみても、それが「今後も波風が立たない」ことを保証するものではありません。

このような、私たちの心を無視した「言葉の拘束」は、永遠に効力を発揮するものではありません。言葉やルールや規則で自分を縛ったとしても、自分の気持ちや感情を黙殺することはできません。

行き場をなくした否定的な思いや感情の数々は、あなたが我慢して心のフタをすることにより、出口を探してさまようことになるでしょう。

◆他者の基準で生きる人たちの「優位に立つ」という勘違い

生きる基準を自分以外の他者に求め、ひたすら競争することや、諸々の規約や規則やルールに従うことを人生の土台に据えている多くの人たちがいます。

「優位に立ちたい人」は、「しなければならない」ことで人と競って、勝ち抜くしかないと勘違いしています。

それ以外に生きる方法がない、と思い込んでいれば、「とにかく優位に立つしかない」と思ってしまうのは、無理のないことなのかもしれません。

しかし、優位に立ちたい人の言動が、しばしば周囲の顰蹙《ひんしゅく》を買うのは、そのプロセスにおいて生じるさまざまなネガティブな感情が、絶えず自分の心の中で渦巻いていて、それが無意識に悪意となって、仕返しやいじめや意地悪といった形で他者に向かうからなのです。

**「優位に立ちたい人」が“円満な関係”を意識すればするほど、
無意識に、相手に対して攻撃的な気持ちが芽生えてくる**

5

隠すほどに本音が表れる、不器用な人々

「欲求」より「思考」を優先させてしまう

どんなに取り繕ってみても、自分が根底に抱いている意識を隠すことはできません。

ポジティブな意識もネガティブな意識も、あらゆるところで顔を覗かせます。少なくとも、自分の気持ちや感情や欲求をごまかすことはできません。

もしも、心から相手に好意を抱いていて仲良くしたいのであれば、そのまま「仲良くしたい」という雰囲気が、その人の表情や態度や言い方や行動となって表れ

るでしょう。

それは「仲良くしたい」という欲求を、嘘偽りなく心から感じているからです。

「これを、したい」「これを、したくない」

どちらであっても、その気持ちには嘘がありません。

これは、嫌いな相手に対してでも同様です。「仲良くしなければならない」と思って我慢して相手と付き合っていても、「仲良くしたくない」という自分の欲求は言動に表れてくることでしょう。

「優位に立ちたい人」があなたに仕掛けてくる言動は、このように、我慢の末の欲求の噴出ということができるのです。

「欲求」は、自分を偽りません。

「思考」は、多くの場合、自分を偽る結果となるでしょう。

いったん「しなければならない」と決め、それを人生の土台にしてしまえば、自分の多くの欲求や感情や気持ちを無視することになるでしょう。

「人間関係を円満に」という規則を真面目に守る人ほど、そうした「思考の我慢」を続けることによって、生きづらさや不安を感じてしまうのです。

◆規則を守ろうと努力するほど攻撃的に

もしかしたらあなたは、普段、こんな思考をしていませんか。

疲れていても、「怠けてはいけない」と思考する。

つらいけれども、「我慢しなければならない」と思考する。

やめたいけれども、「最後まで頑張らなければならない」と思考する。

もしもこんなふうに、「欲求」を抑えて「思考」してしまうことが少なくなければ、実はイヤな人であっても、怖いと感じる人、苦痛を覚える人であっても、「仲良くしなければならない」と思い込んでいるに違いありません。

さすがに、仲良くしたいとまでは思わなくても、「波風を立てないようにしなければならない」「表面だけであっても、円満に振る舞わなければならない」と考えていることでしょう。

自分の欲求よりも周囲の規範やルールに敏感で、何事に対しても周囲が決めたことを「しなければならない」と信じている人たちにとっては、**「しなければならない」ことで、どれだけ他者に勝っているか、どれだけ他者より優れているか**が何よりも大切な価値観です。

だから、「誰よりも優位に立ちたい」を目指すのは、無理もないことなのかもしれません。もちろんそんな人たちの無意識の底には、相手をやり込めたり仕返ししたり、意地悪したいという気持ちが潜んでいることも否定できません。

「自由」の選択肢の幅がなく、自分を縛るものが多ければ多いほど、そんな優劣の争いは、いっそう激化していくでしょう。

真面目に社会の規範に従い、真面目に決められたルールの中で優秀であろうと励むあまりに、攻撃的な言動を取ってしまう。優位に立ちたい人は、とても不器用な人たちということができるかもしれません。

6

行動の基準は、人より優れていたい「損得勘定」

◆「自分には価値がある」と認めるために、相手を落とす

普段から「〜した」という感情よりも「〜しなければならない」という思考にとらわれていると、物事を「損得」でしか考えられなくなっていきます。

この「損得勘定」も、「優位に立ちたい人」の特徴です。

自分と他者を比べて、

「私はちゃんと言われたことはやっているのに、あの人は全然やっていない」

と考えると、ひどく損した気分になるでしょう。

自分の労力や努力を損得勘定で計算すれば、

「私は自分を譲って、あの人のためにしてあげたのに、まったく、あの人は一言のお礼も言わないんだからッ！」

などと、損した気分で相手を責めたくなるでしょう。

周囲の人々を損得勘定の目で見れば、

「私には上司の悪口ばかり言うくせに、あんな態度で、上司に媚びるなんて許せない」

「あの人は、男性にはいい顔するんだから。私には厳しいくせに」

などと、その言動が気になって、絶えず腹を立てているかもしれません。

人よりも優れていなければならないし、また、優れた立場でいたい――。

こんな意識でいると、自分が優れていると思っているときは、まだ、自負心を保つことができます。けれども、「自分が勝つことや優《まさ》ること」に自信をなくしていったならば、どうなっていくでしょうか。

自分を劣っていると認めたくない、それでも優位に立ちたい、という人は、相手を自分の下に引きずり落とすしかありません。

しかも本音のところで自信をなくしていれば、いっそう相手の言動が気になります。もし、相手の言動に、自分を否定する言葉や態度がまじっていれば、あるいは、そういうふうに感じたとき、即座に敏感に反応して、それも許せなくなっていくでしょう。

こんなふうに、**優位に立ちたい人は、相手の劣っているところを探しては、相手のことを心の中で貶めたり、「絶対に許せない」と憤ったりして、争う気持ちをエスカレートさせていくことが多いのです。**

これが、「できなければならない」で生きていて、とにかく優位に立っていなければ、自分を認められない人たちの心の世界です。

本章では、普段から接していてどこか疲れる、イラッとさせられる優位に立ちたい人が、なぜそうした言動を取るのかについてご説明しました。

次章からは、あなたがそうした人たちと接する際に、まず、どういう意識を持つことが必要で、どうすれば衝突することなく、うまくかわすことができるのかについて考えていきたいと思います。

第2章

4つの脳タイプでわかる！「優位に立ちたい人」の正体とは？

7

まず、他人の基準にとらわれない「自分中心」の生き方を身につける

◆「自分中心」「他者中心」という、人生の初期設定

前章では「優位に立ちたい人」の心理と行動をご紹介しました。いったい、そうした人たちを軽くかわす、賢い対処法とはどのようなものでしょうか。

それを考えていく前に、まず知っておいていただきたいのが、「自分中心」と「他者中心」の生き方の違いについてです。

私は〝自分中心心理学〟を提唱しており、この中で30年近く、「自分中心」「他者中心」という概念を語っています。

この「自分中心」とは、あらゆる著書で述べていることですが、「自分の感情や、気持ち、欲求」を優先するという捉え方です。

人生の基盤とするべきものは、自分自身です。

私たちは、本質的に「自分を大事にしたい」という欲求をもっています。

また、愛し合いたい、協力し合いたい、相手に尽くしたいという欲求も、根源的な能力として備えていますし、その満足感や喜びや幸福感も知っています。

自分の心を無視してまで、他者のために尽くそうとしなくても、自分を大事にしていけば、自然と、他者も大事にしたいという欲求につながっていきます。

ただ、そんな能力を発揮し満たすには、互いを「認め合う」ことが前提となります。それは**「お互いの〝自由〟を認め合う」**ということです。

これが自分中心の基本を成すものです。パソコンに例えるならば、これは人生の〝初期設定〟ということになるでしょう。

他方で、「他者中心」という初期設定もあります。

これは自分ではなく、**社会の規範やルールや規則、一般常識といった、外側の基準を自分の判断基準とする生き方**です。本来、自分が判断して選択するはずの基準を、自分ではなく、自分以外の外側に置いています。

こうした人は、自分の行動や考えが他者の基準にそぐわなければ、自分の気持ちや感情や欲求は後回しで、必死になって他者に合わせます。

自分を認めるためには「他者と比較する」ことが必要で、常に他者との間で自分の優劣や強弱を競うようになります。そして、こうした絶え間ない他者との競い合いの中で、他者への支配性がだんだんと強化されていくのです。

これが優位に立ちたい人に特有の、まさに他者中心の生き方の典型なのです。

◆不自由な「他者中心」の世界に生きる人々

他者中心の人たちの人生を支配しているのは、「しなければならない」という意識です。そこには、人間が本来有している自分の気持ち、感情、欲求というものが、すっぽりと抜け落ちています。

しかも現代はその上に、大半の人たちが、「できなければならない。できて当たり前。できなければ、自分が劣っている」といったふうに、本来、自分が持っている価値や本質を無視した視点で物事を見ています。

しなければならないし、それができなければならない、ということを自分に義務化、強制化していけば、私たちにとって最も大事な、「自分の気持ちや感情や欲求」は、どんどん削がれていくでしょう。

他者中心の人は、他者との優劣や強弱の競争に勝つために、他者への「支配」を目指します。

一方で、自分中心の人は、お互いを認め合う「自由」を目指します。

お互いの「自由」が保証されてこそ、私たちに本来備わっている欲求は、建設的、発展的、希望的なものへと発揮されていくのです。

自分中心の概念はこの視点に立っています。

この「自由」という視点で見ると、現代の社会で生きる私たちが、いかに「不自由な生活」を強いられているかに気づくのではないでしょうか。

また、こんな自分中心の視点に立てば、逆に「優位に立つ」ことだけを目標として生きている人たちが、いかに不自由な世界で生きているか、彼らに対する認識が、少しずつ変化してくるのではないでしょうか。

◆「自分中心の人」になって、「他者中心の人」から自分を守る

もしも、あなたがこうした優位に立ちたい人たちと一緒にいたならば、打ちのめしてやらんばかりの緊迫感や、自分を傷つけたら絶対に許さないと言わんばかりの拒絶感が彼らから伝わってきて、「一瞬たりとも気が抜けない」といった息苦しさを覚えるのではないでしょうか。それこそ、彼らが発するそんなネガティブな荒々しい感情に捕縛されて、塗炭の苦しみを味わうことになるでしょう。

もちろん、そんな相手とはつき合わないことが最上策ですが、職場や家庭など、物理的に離れられない相手であれば、そうもいきません。

何しろ、優位に立ちたい人の、他者に対する要求は度を超しています。

彼らが抱いている心の要求を言葉にすると、こんな感じです。

「私の心を１から１００まで把握して、私の心に適った反応をして、お礼を言ったり感謝したりしなければ、絶対に許さない！」

優位に立ちたい人は、大なり小なりこんな意識を根底に抱いて、それを相手に要求しています。

そんな人たちに対して、自分も同じように他者中心的な発想で要求に応えようとしても、彼らは満足することを知らないために、どこまで行っても終わりの見えない泥沼にはまり込んでいくでしょう。

かといって、相手と同じような勢いで対抗していけば、血で血を洗うような熾烈な争いへと発展していくのは明らかです。

こんな相手には、どんなスタンスでいればいいのでしょうか。そして、どうすれば自分を守ることができるのでしょうか。

人生の初期設定が他者中心なのか、自分中心なのかでは、同じ出来事が、全く違って見えます。そのために対処の仕方も、ときには正反対となることもしばしばです。

多くの人たちがすでに、他者中心の発想では解決しないことを、痛感してきているのではないでしょうか。

どんな場所にも優位に立ちたい人は必ず現れて、避けて通ることは困難です。

これからは、一人ひとりが自分中心の生き方をすることで、優位に立ちたい人にならないようにするのと同時に、**優位に立ちたい人から距離を置き、身を守ることが**必要なのです。

「自分中心」の人

- 楽しい、嬉しい、悲しいなどの「感情」「気持ち」「欲求」を重視する
- 自分の行動は、自分を基準にして決める
- 自分の人生に満足感を感じている

「他者中心」の人

- ルール、規則、常識などの「自分以外の基準」を重視する
- 自分の行動が、相手の気持ちや社会の評価に左右される
- 自分の人生に絶えず不満・不安を感じている

「自分中心」の人とは
“自己チュー”な人のことではなく、
“自分”を重視して行動、発言が
できる人のこと！

8 次に、相手が「他者中心」で生きる理由を理解する

◆「他者中心」の人が、何かと争いがちな本当の理由

この「他者中心」の意識と「自分中心」の意識は、自分の土台ともいうべき初期設定が正反対なので、そこから生じる言動も、正反対となるでしょう。

「自分中心」の人は、「我慢するから、争いになる」のだと知っています。これは、我慢すると自分の感情が抑え込まれてしまい、それがいつか爆発して争いになるという考え方です。

一方、**「他者中心」の人は、「我慢しないと、争いになる」と思い込んでいます。**

これは、そもそも人と人の間には利害関係があり、それが我慢することで対立せずに済んでいるという考え方です。

そのため、他者中心の人にとって、「争わない」というのは「我慢する」ということと同じです。他者中心の人にとって、「争わない」ことと「我慢しない」ことが矛盾しないで存在する世界があるというのは、とうてい信じ難いことなのです。

だから、自分が我慢できなくなったときは、争うときです。

自分を守るために、相手と争ってでも優位に立とうと必死になるのは、他者中心の人たちにとって当たり前のことなのです。

もちろん、そんな相手に対し、こちらも負けずに「優位に立とう」とするならば泥仕合です。お互いに争い、傷つけ合うことになるでしょう。

では、そんな好戦的な相手に対して、自分中心で「我慢しない」かつ「争いにもならない」方法などはあるのでしょうか？

◆「優位に立ちたい人」は、なぜ「他者中心」の人生を生きるのか

他者中心の意識を、自分の人生の初期設定に据えた人は、絶えず他者と自分を比較して、優劣や強弱を競い合いながら生きることになります。

多くの人たちが、こんな他者中心の生き方を目指すのは、初期設定がすでに他者中心になっているからという理由だけではありません。

「優位に立てば、自分の人生が有利に展開する、自分の望むことを達成できる、成功できる、幸せさえも手に入る」と、思い込んでいるからでしょう。

確かに、「優位に立っている」と見える人たちを他者中心的な価値観で見れば、自分と比較して、優れているように映るかもしれません。

実際に、「優位に立ちたい人」は、職場でも目立ちます。我が物顔でその場を仕切っていても、騒動を起こしたくない人は黙認するでしょう。

傲慢な態度で恫喝されれば、恐怖心から黙って従うしかありません。もちろん内心では、あの高慢な鼻をへし折ってやりたい、一泡吹かせてやりたいと思った

り、激しい憎悪をたぎらせていることもあるでしょう。

その半面、自分もあんな立場に立てれば気分がいいだろうなあと、優位に立ちたい人を羨む気持ちも内在しているかもしれません。

◆親から見下された経験が、現在の言動に影響している

けれども彼らは、本当に、そうした〝強い人たち〟なのでしょうか。

他人の心の内とは、自分がその立場になってみなければ、案外、わからないものです。

たとえばあなたは、優位に立っている人たちの、あるいは「自分が優位に立っている」と思い込んでいる人たちの、相手を見下したような視線や態度に接して、自分の自尊心を打ち砕かれたり、惨めな思いを味わわされたことがあるかもしれません。

では、あなたが今ここで、

「『優位に立ちたい人』はほぼ例外なく、子供のころに、自分の親や家庭の誰か

に見下されたり、自尊心を打ち砕かれた経験がある人たちである」

という真実を知ったとしたら、どうでしょうか。

もともと、優位に立ちたい人の心の中は、決して私たちが思っているほどに平和でも、快適でもありません。

相手を見下したり、馬鹿にするような態度を取る人は、幼少期に家庭で同様の高圧的な対応を取られていたことが多いのです。

もしも、自分を見下してくる彼らにも、傷ついた過去があるのだと知ったら、あなたはどんな気持ちになるでしょうか。少し、彼らへの見方が変わってくるかもしれません。

あなたが今、その人によって傷ついているとしたら、その相手もまた、過去に誰かによって同じように傷ついてきた、あるいは今も傷ついているということなのです。

けれども、優位に立ちたい人が、過去に自分がされたのと同じ対応を、今、身近にいる人間にしたからといって、一瞬、復讐を果たしたような満足感が満たされることはあっても、それで自分の過去が癒やされるわけではありません。

そんな根深い癒やされない過去を抱えている相手に対して、「人を見下さないように」と説教したとしても、

「はい、わかりました」

と、簡単にやめられるものではないこともおわかりだと思います。

〝何が何でも、とにかく〟優位に立ちたい人ほど、自分の根っこにそんな重い経験が深く刻まれているのです。

そんな相手だと承知していれば、あなたが同じ土俵で勢力争いをしてみても、結局は傷つくばかりだと知れるでしょう。

9

相手の行動にとらわれず、「自分」に集中しよう

◆ずるくても、嘘つきでも、卑怯でも、それは相手の自由

「優位に立ちたい人」を前にすると、その強烈さから、つい尻込みしてしまいがちです。その人が一人職場にいるだけで、緊迫した空気が漂って、針のムシロのような鬱屈した気分で仕事をしているという人もいるでしょう。

けれども、「自分中心」の発想では、「他者の言動がどうであっても、それは相手の自由だ」という捉え方をします。

仮に相手の性格が邪悪であっても、狡猾であっても、嘘つきであっても、卑怯

であっても、それは、それぞれの家庭環境や周囲の環境の中で、自分を守るために身につけたものだからです。

長年の経験の中で形成された性格ですから、すぐに変わるものではありません。もちろん、それによって引き起こされるさまざまな問題もまた、その人が責任を負うべきものですし、自分で処理し解決すべきものです。そういった意味を含めて、**「どんな生き方をするかは相手の自由」**という捉え方なのです。

相手がどうであっても、そんな相手に対して、それをやめるように要求することはできません。仮に、他者に期待する気持ちから、相手に変わるように迫ったとしても、相手と争いになるだけでしょう。

なぜなら彼らは、そうは見えないかもしれませんが、戦って自分を守ろうとすることに汲々としているからなのです。

そんな相手を変えることは非常に困難です。むしろ「自分中心心理学」では積極的に、そんな相手であっても、「相手の生き方の自由」を認めます。もちろんそれは「自分の生き方の自由を認める」を基本概念としているからです。

人との肯定的な関わり方は、「私の自由を認める」「相手の自由を認める」ことから始まります。

ですから、そんな相手との付き合いを「自分の問題」として捉えるならば、

・自分が、そんな相手と、どう付き合うか

・そんな相手の言動に対して、自分を傷つけないために、どうするか

を考えていればいいのです。

相手と争えば、もしも勝ったとしても、結局、自分のことも傷つける結果になります。だから、争わないで自分を守るスキルを身につける、これが最も重要なことです。換言すれば、こんなふうに「相手にとらわれず、自分の自由を行使する」ことが、自分中心なのです。

◆自分の心を感じ取ると、相手の心がわかる

「他者中心」の人たちは、とにかく、相手の心の内を知ろうとします。

相手が何を考えているのか、何をしようとしているのか、自分に対してどうい

うふうに思っているのか。相手の心情や思惑や手の内をつかもうとすることに、エネルギーを注ぎます。

自分中心心理学では、他者中心的に、相手の言動に注目してその意図を探るということは、おすすめしていません。

それは、一つは、相手の胸の内や腹の中を知ったからといって、自分が有利になるように、それを活用できるとは思えないからです。

むしろ、そうして相手を探るような意識で対峙すれば、かえって緊張関係をつくることになるでしょう（このことについては次章で詳しく述べます）。

もう一つ、自分中心的捉え方をすれば、相手の思いを読もうとしたり、心を探ろうとしたりしなくても、相手の心は「自分が感じる」ことで簡単にわかるからです。

むしろ、**自分中心になって、自分の〝感じ方〟の精度を高めていったほうが、はるかに相手のことを知ることができる**といえます。

相手の心や腹の中を探ろうとしなくても、相手の意識は丸ごと、その言動に表れます。

たとえば、あなたが相手の態度に対して「不快に感じた」としたら、それが相手の心であり、相手の表情に「嬉しい」と感じたら、それが相手の心なのです。

あなたが、相手の側にいるだけで緊張するとしたら、それは、相手が固い心を持っていて、それを〝感じて〟あなたが緊張しているのかもしれません。

相手から具体的な働きかけを受けていなくても、相手が心の中で抱いている意識は、何となく肌で感じます。それは錯覚でも気のせいでもありません。相手から、何らかの情報を〝感じて〟つかんでいるのです。

◆自分の心を〝最優先〟に

優位に立ちたい人に不用意に傷つけられないためには、常に自分にもどって「私がどうしたいか」を最優先することです。

優位に立ちたい人に振り回されないために、決断するとき、行動するときは「自分の心」を基準にしましょう。

たとえば、自分が相手に傷つけられたとしても、相手の反応を恐れていれば、

「相手が腹を立てて、いっそう攻撃的になったらどうしよう」

「後から、嫌がらせをされたらどうしよう」

などと否定的に考えるに違いありません。こんな他者中心の思考にとらわれれば、

「やっぱり我慢して、黙っていたほうが安全だ」

となってしまいます。


こんな自分の心を無視する発想は、想像以上に自分を傷つけています。しかもそうやって他者中心でいる限り、ますます解決が難しくなって、いっそう自分を傷つけることになるでしょう。


ですから、もしあなたが、人間関係で、相手の言動によってネガティブな感情が起こったとき、それをそのまま放置してしまうとしたら、

「これが、自分を愛していないということなんだ」

と振り返ってほしいのです。


何よりも自分の心を大切にして生きる、これが「自分中心心理学」なのです。

10

脳のタイプ別に分析！「優位に立ちたい人」を軽くかわすコツ

前項で述べたように、「自分中心」になって「自分の感じ方」を基準にすれば、相手の態度や表情、言動などから相手の心は簡単にわかります。

わざわざ、相手の心理を分析するには及びません。むしろ、頭でそれを分析し、言語に変換してしまうと、間違った情報を手にすることになるでしょう。

相手を探ろうと、相手についてあれこれと〝思考〟するよりも、自分の〝感じ方〟を磨いていったほうが、はるかに正確に相手の心をつかむことができます。「自分の感じ方」を基準にしてこそ、相手を軽くかわしていけるのです。

自分の心を感じ、「優位に立ちたい人」についての理解を深め、適切な対処法を考えるため、次項から、優位に立ちたい人の特徴や言動パターンを、大まかに「４つのタイプ」に分けて、記述したいと思います。

このタイプ分けは、筆者が優位に立ちたい人から「感じたこと」を基準にして、少しずつ積み上げていったものです。このとき、分類を他の人に理解しやすくしたのが、「脳のタイプ」を基準にするということでした。

両手に利き手があるように、脳にも〝利き脳〟があります。自分のどの部位が特化しているか、それによって利き脳が決まります。

その利き脳に応じ、**「脳幹タイプ」「感情脳タイプ」「左脳タイプ」「右脳タイプ」**の４つに分類しています。

もちろんこれは、筆者がわかりやすく分類しただけなので、脳の構造に厳密に沿っているわけではありません。

ただ、この分け方に即して観察していくことで、相手の「心の状態」「振る舞い」「言動パターン」などがよく理解できるのです。

また、それぞれのタイプを目の前にしたときの、あなたの「感じ方」について、【こんな〝圧力〟をかけてくる！】として紹介しています。ここに書かれている〝圧力〟の感じ方が、相手のタイプを判断する重要な基準になることでしょう。

当てはまる感じ方があった相手とは、いったん距離を置き、本書で紹介している方法を試してみてください。

✦「優位に立ちたい人」4つの脳タイプ

脳幹タイプ(P.62)

「私が一番」「あなたより上」など、人間関係の“勝ち負け”にこだわる

感情脳タイプ(P.72)

「あなたのためよ」「やってあげたのに」など、“優しさの押し売り”で優位に立つ

左脳タイプ(P.82)

「それじゃダメ」「これが規則だから」など、“否定”で相手を支配する

右脳タイプ(P.92)

「あなたがやるべき」「やってくれるのが当然」など、要求しながら相手を支配する

「私が一番」「あなたより上」

人間関係の〝勝ち負け〟にこだわる「脳幹タイプ」

【こんな言葉が多い！】

・「やめるかやめないか、はっきり決めろ」「失敗は許しませんよ」

生死を司るこの脳幹が特化していると、「生か死か、勝つか負けるか」という捉え方をします。そのために、「白か黒か」「全か無か」という二極化思考に偏りがちです。この二極化傾向のために、直線的な言動をとりやすい傾向があります。

・「あなたはどっちの味方なの?」「できなければ、降格だ」

他者を敵味方で分けようとするため、対立感情が激しく、トラブルを起こしやすい性質があります。

負ければ即、生命の危機という二極化的反応をするために、恐怖に駆られやすい性質。そのために、「やられる前に、やれ」という発想をしがちです。

- **「そんなことは、自分で考えなさい」「ご託を並べるんじゃないッ」**

恐怖に駆られると、論理的な思考ができなくなります。そのために、感情的になったり怒鳴ったりして、相手を抑えつけるという言動パターンをとります。

- **「今回は私のやり方でやって！」「黙ってやればいいんだよ」**

相手に絶対服従を要求したがるのも、そんな恐怖からです。相手が絶対服従してくれないと安心できないために、こうした言い方になります。

- **「それじゃダメだって言ったでしょう！」「失敗したら、どうなるかわかっているよな」**

自分を守るために、強い言い方で威嚇したり脅したりします。脳幹タイプの特徴といえます。

- **「正当に評価しないで、上司はあの人をひいきしている」**

「悪いのはあっちなのに、私に濡れ衣を着せようとしている」

勝ち負けを争うために、他者に意識を向けます。こうして相手に対する不信感、猜疑心が強くなっていきます。

【こんな〝圧力〟をかけてくる！】

・抑え込まれるような圧迫感

命令する位置に立って、相手を支配しようとします。そのために、このタイプと一緒にいると、あなたは上から抑え込まれるような圧迫感を覚えます。

何か言いたくても一切耳を貸そうとしない態度に、あなたは強い拒絶感を覚えたり、攻撃されるような恐怖感を覚えることとすらあるでしょう。

終始、絶対服従的な威圧感をもって迫ってくるので、あなたは側にいるだけで、極度の緊張と息苦しさを覚えるかもしれません。

◆所有欲、物質欲、権力欲が旺盛な〝戦う人〟

脳幹は人間の生命を司る、脳の中でも最も重要な分野です。

この脳幹がポジティブに働けば、生命感と躍動感にあふれ、絶えず前進してやまない不屈の精神で、自分の人生を力強く邁進できる人となるでしょう。

良くも悪くも猪突猛進的であるために、ひとたび目標が決まれば、その目標に向かって、一心不乱に突き進みます。肉体的にも体力に恵まれているので、その目標達成率も高くなるでしょう。

ただ、これは自分を大事にしている「自分中心」の人であって、脳幹の働きがネガティブな方向へと向かうと、動物さながらの所有欲、物質欲、権力欲を肥大化させていきがちです。

もともと脳幹は生命を維持するための機能であるために、生命を守るという観点からも、所有欲や物質欲が特化しています。

この脳幹には、自律神経中枢があります。この自律神経が、さまざまな生命維持のための機能を司っていて、もろもろの内臓や、その循環や消化、あるいは発汗作用や内分泌機能、生殖機能、呼吸といったものを調節し代謝を促すために働きます。

自分の命を守るためには、生命の危機に瀕したとき即断しなければなりません。自律神経に「戦うか逃げるか」の反応をする働きが備わっているのは、このためです。

恐怖心からくる見せかけの強さ

「脳幹タイプ」は一見、面倒見がよくて、リーダーシップをとっていく頼りがいのある人物に映るかもしれません。

けれどもそれは見かけ倒しで、単に「他者から〝偉い人〟、〝強い人〟、〝すごい人〟と思われたい」という欲求が肥大化しているだけです。

そもそも、「優位に立ちたい人」は、常に他者の評価でしか「自分の評価」を測ることができません。

その奥には、**人から「偉い、強い、すごい」と思われていないと、頂上から一気に底辺に転落してしまうのではないかという恐れ**が隠れています。自分のポジションを確保していないと、怖くてたまらないのです。

それを堅持するために、尊大な態度で威張ったり、感情的になったり、怒鳴ったりしています。脳幹タイプの人は、そうした方法で相手を制することを経験的に学習しているのです。

そんな態度を「強い人」だと勘違いしたり、自分たちをぐいぐいと引っ張ってくれる英雄であるかのように憧れたりする人たちが少なくありません。

「この人に従っていれば、安全だ」とばかりに、相手の強さを頼りに自分を守ろうとする人ほど、そんな勘違いをするでしょう。

けれども、本当の強さとは「愛」を基盤とするものです。

自分の子供を守る。家族を守る。社員を守る。といった強さは、愛がなければ発揮できません。

生存の危機のようなものを感じて、所有欲、物質欲、支配欲、権力欲にとりつかれれば、動物のようにそれらにしがみつき、あらゆる手段を用いて相手をたたきのめしてでも、奪ってでも、それを得ようとするでしょう。

そこにあるのは愛からくる「強さ」でなく、恐怖からくる「強欲さ」です。

優位に立ちたい脳幹タイプは、そんな欲と恐怖から、日々戦うことに明け暮れる人生となることが多いのです。

こんな脳幹タイプの優位に立ちたい人と、やり合って勝とうとするのは無謀です。それこそ死力を尽くして戦うことになるのでしょう。それで仮に勝ったとしても、終わったときには、身も心もボロボロになっているでしょう。

もとより、優位に立ちたい人に、力で対抗するのは愚かです。

逆に、いっそ「戦わない」ことを目指したほうが、結果として「勝つ」ことができるでしょう。

（※「脳幹タイプ」以外の各タイプとも、優位に立ちたい人への対処の仕方は、後章で詳しく述べたいと思います）

◆ミスを指摘されると「死んだふり」

優位に立ちたい脳幹タイプの人と接すると、側にいるだけで、傲慢さや横柄さが鼻について、嫌悪感を覚えるでしょう。

一方的な会話しかできないために、心の通い合う会話を彼らに求めることは、まず、無理です。争わずにいるためには、黙って話を聞くことしかできないかもしれません。

相手の心を感じて、受け止めることができないので、自分のやり方を押しつけても平気でいます。無神経、厚顔無恥、図々しいといった言葉は、この人たちのためにあると言いたくなるほどです。

とりわけ、「天下を取っている」という気分でいるときは、強く逞しく映るかもしれませんが、ひとたび「負け」と自覚した瞬間、恐怖が怒濤のように押し寄せてきます。

彼らが一転して臆病な態度を示すのは、そんなときです。

相手に「強気」が通じないと知れば、その臆病さが、急に弱々しい振る舞いや態度を彼らにとらせるでしょう。時には「病気」を演出することで、その危機を逃れようとすることもあります。動物で言えば、死んだふりです。

社会的な立場のある人が、自分の非を追及されるのを恐れて、ただちに病院に入院する、という話は、いくらでも聞くことではないでしょうか。

◆あらゆる手を駆使して襲いかかってくる

優位に立ちたい人の、確信に満ちた強い言葉を信じて待っていたけれども、結局、守ってくれなかった、裏切られたという経験はありませんか。

「あのとき、引き受けたと言ったじゃないの」

「あのとき、はっきりと約束をしてくれたじゃないか」

とあなたが主張しても、相手は謝罪するどころか、

「そんな話をした覚えはない」

などと、しらを切ります。

もしそんな経験があるとしたら、そのときあなたは、自分がどんな状況であるかに気づかずに、相手の言葉を鵜呑みにしていなかったか考えてみましょう。

とりわけ脳幹タイプは、自分を「偉大な人物」に見せることに余念がありませんから、たびたび「言行不一致」を目にすることになるでしょう。

たとえば、あたかも自分が傑出した大物であるかのように振る舞い、調子に乗ると

いっそう饒舌になって大言壮語に語り、自分のその言葉に酔いしれます。そんなとき、

「○○さんとは親しいんだ」

「あの会社に、紹介してあげる」

と言ったとしても、その場限りの口約束で、当てにならないと思っていたほうが無難です。誰かに保護してもらいたい、誰かに依存していたいと思う人ほど、そんな脳幹タイプの人の言葉に惑わされるでしょう。

あるいは、追い詰められたときや〝生命の危機〟のようなものを感じたときにも、その場しのぎの約束をすることがあります。もちろんその場しのぎですから、守られることはありません。

戦闘モードになって「戦うか逃げるか」の自律神経が強く反応すると、「自分の身が危険にさらされる」という恐怖心を生み出します。心理的にそんな「危機的状況」に陥れば、最後まであがくか、逃げるかのどちらかです。

その状況から逃れるためには、あの手この手を駆使して、場合によっては裏切ったり騙したり、嘘をつくことも厭わないタイプなのです。

「あなたのためよ」「やってあげたのに」〝優しさの押し売り〟で優位に立つ「感情脳タイプ」

【特徴的な言動パターン】

・「手伝ってあげる」「助けてあげる」「私よりもあなたのために」

・「私はいいから、あなたがもらって」「私さえ我慢すれば、うまくいく」

この脳がポジティブに働けば「愛」につながりますが、ネガティブに働くと怒り、憎しみ、恨みといった感情をエスカレートさせてしまいます。

とりわけこのタイプは、犠牲者的な振る舞いをしがちです。相手のために献身的に尽くしたり、時には身を挺して相手を守ろうとしたりします。

このため、他者を差し置いて自分を優先することに、強い罪悪感を抱きます。執着心が強く、相手の「愛」を得るために粘り強く、忍耐強く接します。言葉よりも、態度や表情で、相手にわかってくれるようにと要求します。

・「こんなに大切に思っているのに、なぜわかってくれないの？」
「こんなに尽くしてるのに、どうして好きになってくれないの？」

他者に愛を依存的に求め過ぎるため、相手を当てにして頼り、頼られという「共依存」の関係を築きやすくなります。

そんな粘着性をもった気質がマイナスに表れて、あきらめが悪い、しつこいと言われたりします。

・「あんなに親切にしてあげたのに裏切るなんて、絶対に許せない」
「ひどいことをされたから、二度と口をきかない」

信頼した人間には、手厚く報い、優遇したり過分の報酬を与えたりします。
ただし、自分を裏切ったり、侮辱した人間を絶対許しません。ひとたび裏切られると、復讐心を燃やします。何十年経ってもあきらめず、計画的にやり通すだけの執念深さを持っています。

【こんな〝圧力〟をかけてくる！】

・しがみついて離れない、強烈な〝情〟

恩義や情や同情で相手を支配しようとします。自己犠牲的な意識が強いので復讐心が溜まりやすいタイプです。

絶対に裏切りを許さず、そのために、あなたが自分のために生きようとすると、裏切りと後悔の念に苛まれ、心に突き刺さるような罪悪感の傷みを覚えるでしょう。背中にしがみついて離れないような強烈な〝情〟に、あなたは一蓮托生の人生を選択せざるを得ない気分になるでしょう。

◆怒り、憎しみ、恨みの強い〝復讐の鬼〟

感情脳タイプというのは、大脳辺縁系を〝利き脳〟とするタイプです。

この大脳辺縁系には扁桃体という部位があります。ここは、喜怒哀楽の感情や情動反応の処理を司っています。

嬉しい、楽しい、幸せといったポジティブな感情や、苦しい、つらい、悲しい、腹が立つ、許せない、憎い、恨めしい、失望する、絶望する、諦める、無力感を覚えるといったネガティブな感情を処理するところです。

この扁桃体は、さまざまな情動反応の処理とともに、記憶においても主要な役割を担っています。また同時に、扁桃体には、記憶を固定させるための調節機能も備わっているといいます。

ある出来事で生じる「情動」のレベルに応じ、その出来事の記憶が鮮烈に刻まれ、固定化されていきます。それは、自分が強烈な体験をすれば、ポジティブな感情もネガティブな感情も、その感情が記憶とともに固定化されていってしまうということなのです。

また、大脳辺縁系には、「記憶と学習」を司っている海馬と呼ばれる部位があります。この海馬は、扁桃体と密接に関係していて、扁桃体が活性化すると海馬も活性化します。

ネガティブな記憶が繰り返し思い出されたり、それによって刻まれた感情を解消するのが難しいのは、その記憶が感情とともに「固定化されてしまう」という理由からでもあるのでしょう。

感情タイプの人はこの扁桃体と海馬によって、**否定的な感情が固定化されてしまっている人たち**といえるかもしれません。

◆尽くして耐え忍ぶ〝昭和のヒロイン〟

総じて、「優位に立ちたい人」は、自分の弱みを見せることを恐れます。

競争社会では、弱みが命取りにもなりかねません。スキャンダルや過去の不始末だけでなく、自分の感情を見せることすらも〝弱み〟の一つと認識されているのか、とりわけ男性は、日頃から自分の感情を隠したり抑えたりします。

もともと感情脳タイプは、黙っていても、自分が望んでいることを察して、自分の心を満足させてくれるようにと、他者に要求しがちです。

心の通い合い、共感性を相手に望むのです。それでいて、自分の気持ちや感情を言葉で表したり伝えたりするのは非常に苦手です。

その典型が、一昔前の夫婦です。

妻は、夫のため、子供のために尽くします。

夫は会社のために尽くします。

どちらも、他者のために尽くすことは同じですが、ボタンの掛け違えのように他者の意向とすれ違うことも多く、その努力が報われて、心から「よかった」という喜びや満足感に満たされることは滅多にありません。

なぜなら、そうして相手に尽くしているとき、心が感じているのは、「我慢している。耐えている。忍従している」という否定的な気持ちでしかないからです。

だから感情脳タイプには、何となく寂しく哀しい雰囲気が漂います。

その姿は、あたかも自ら不幸を望んでいるように映ります。

実際に、感情脳タイプの人たちは、幸せを渇望しながらも、無意識のところでは自分が幸せになることを、許していません。

それは、自分が幸せになることに「強い罪悪感」があるからです。

相手の能力を奪い、支配する

感情脳タイプは、他のどのタイプよりも面倒見がよく頼りにされます。けれども、これも善し悪しです。相手を助けてあげたり、代わりに問題を解決してあげたり、便宜を図ってやれば、相手は次第に、

「問題が起こっても、あの人に頼めば、解決してくれる」

とばかりに、依存していくようになるでしょう。

同時に相手は、「その人なしには生きていけない自分」になっていきます。

感情脳タイプの無意識の目論見は、そうやって自分に依存させていき、相手の能力や自立心を奪っていくことです。

自立心を奪われれば、相手に依存するしかなくなっていきます。それを楯に、

「あのとき、助けてやった。自分を犠牲にしてでも、守ってやった」

というふうに恩を売り、絆や情を絡めて相手を支配していくのです。

また、その穏やかそうに見える表情の奥には、「自分を裏切ったら許さない」とい

う強く激しい感情を秘めています。

そのため、感情脳タイプの粘り強さや忍耐強さが否定的に発揮されたときには、自分を裏切った相手に対して容赦しません。

「どうして、あんなにいじめるのだろう」

「どうしてあの人だけに、あんなひどい仕打ちをするのだろう」

などと第三者が目を見張るほど、あからさまな仕返しをしたりします。もちろんそれは、支配することを目的とした「みせしめ」ですから、周囲に知らしめる必要があるのです。

そういう意味で、感情脳タイプの〝復讐〟とは、すでに相手に尽くして裏切られたり騙されたりして、深く傷ついている経験ゆえの行いだといえるでしょう。

◆子供の罪悪感を利用した親の支配

優位に立ちたい感情脳タイプのもう一つの大きな特徴は、同情を引くことによって、相手をつなぎ止めようとすることです。

これを自分中心心理学では「同情の支配」と呼んでいます。

これは、親子密着型の母と娘にしばしば見られます。

同情で支配されてしまうと、たとえば子供が自分のために生きようとするときなどに、「親を裏切っている」ような激しい罪悪感に襲われます。

自分が幸せであることが、「悪いこと、許されないこと、人の道に外れたこと」であるように心が痛み、「自分のために生きる」ことができません。

そうやって同情の支配をすることで、相手の人生を奪ってしまうのですから、最も悲惨になりやすい関係ということができるでしょう。

これがまさに「共依存」の典型で、このところ問題になっているのは、こんな親と娘の関係です。

たとえば、優位に立ちたい感情脳タイプの親は、夫婦の関係が悪いと「愛されたい」という欲求を満たそうと、子供にしがみつきます。

そんな親を持った子供は、自分が「同情」で支配されているにもかかわらず、その自覚がありません。いざ親から独立しようと思ったときも、現実とは反対に、自分が、弱々しい相手を見捨てる非情な人間であるかのように感じます。

しかも、そんな罪悪感から「同情の支配者」にどれほど尽くしてみても、振り回されるばかりで報われることはありません。

こんなふうに、依存心と罪悪感が強い傾向の人は、感情脳タイプの人が仕掛けた網にかかっていくのです。

「それじゃダメ」「これが規則だから」〝否定〟で相手を支配する「左脳タイプ」

【特徴的な言動パターン】

・「早くやりなよ。行動しなきゃ何も変わらないよ」
「何を悩んでるの？　嫌なら断ればいいだけでしょ」
・**「あぁ、それはもう失敗だ！」「もっと要領よくやらなくちゃダメだよ」**

左脳タイプはデジタル思考であるため、物事を機械的に処理しようとします。

物事を平面的に捉えるために、全体的、大局的に俯瞰する能力に乏しい人が多く、目先のことや「損得」にとらわれがちです。

- **「規則だから」「一般的には……」「こうしとけば間違いないんだよ」**

社会規範、一般常識、「べき」思考、規則、ルールといった決められたことには、疑いを抱くことなく従おうとします。実際、決められたことをやり遂げる能力は高いといえるでしょう。

- **「それ、どういう意味なの？　私の能力が低いって言いたいの？」**
「あなたなんかに言われるのは心外よ」

言葉にとらわれているため、「相手の言動」に極めて敏感で、言葉を表面的に受け取って傷つきます。

- **「テレビで言っていた」「本に書いてあった」「〇〇さんが言っていた」**

責任を取ることを恐れているために、「テレビで言っていた。新聞に書いてあった」というふうに、「他者のせい」にしないではいられません。

- **「でも、損したらどうするの？」「どうして、やらなかったの？」**

言葉で相手に対して否定や攻撃をしたり、指示や命令をしたりはできるけれど、自分の判断と意志で動くことができません。

・「それはありえない」「どう考えても、それっておかしいよね」

感情が乏しいために、相手と共感し合うという関係が苦手です。そのために「愛を感じる」という質の高い満足感を知らない人も少なくありません。

議論は得意ですが、ポジティブな会話のキャッチボールができません。

【こんな〝圧力〟をかけてくる！】

・神経を逆なでするリアクションに、思わずカチンとくる

感情よりも思考にとらわれて、義務や規範など「しなければならない」ことを他者に強く要求します。会話をしていると、内容に関わらず、反射的に相手を否定するパターンが身についています。

神経を逆なでするその言い方に、あなたは、カチンときたり、イライラ、カリカリしたりすることもあるでしょう。また、このタイプを相手にしていると、その極めてそっけない対応に、なんとなく不安になる、絶えず焦りを感じるような気分にもなるでしょう。

「思考」「言語」「論理」に、機械的に反応する〝デジタル人間〟

左脳は、思考や言語や論理や、数学的理解力といった分野を司る脳です。

現代は情報社会であるために、左脳が特化しやすい時代ということができるでしょう。ここに競争原理が持ち込まれれば、脳幹と左脳の機能だけが発達していき、人間らしさや温かさに欠ける殺伐とした社会となっていくでしょう。

たとえば、過去のある時期、就職難に苦心する学生を見て、彼らが頻繁に使う「就活」という言葉の根底に「無条件に就職しなければならない」という焦りのような意識を感じました。その意識はその後、一気に「婚活」へと広がっていき、今では「妊活」「終活」という造語が、当たり前のように使われています。

こんな言葉が当たり前のように受け入れられるのは、左脳のみ発達し、自分の気持ちや感情や意志より「思考」が優先される時代になったからでしょう。

思考が優先されれば、あたかもそれが義務であり、規則であり、またそれが「やって当たり前」「できて当たり前」といった意識を生み出します。

「就活」「妊活」といった言葉には、人間としての「心」や「自由さ」が感じられません。マスメディアにおいても、あたかも万人がやるべき義務というニュアンスでそれらの言葉が使われています。これからの社会は、いっそう人間を機械的に一律な条件のもとで扱うようになっていくでしょう。人を「機械の一部」として扱い、他者の心も自分の心も顧みない。こんな左脳社会によって生じた、パソコンのように機械的な人間関係、その典型が、この左脳タイプといえるでしょう。

◆「でも」「どうして」で責任を相手になすりつける

優位に立ちたい左脳タイプの典型的な特徴が「でも」「どうして」という言葉です。この言葉が、相手をことごとく否定し、自分から厳しい要求を突きつけていくという、このタイプの特徴を如実に物語っています。

「でも」というのは、「他者中心」の代表的な言葉でもあります。

なぜなら「でも」という言葉は、相手の出方を見てから否定したり批難したりという、相手の言動を覆す言葉だからです。

「でも、できなかったら、どうするんだよ」

「でも、損したら、どうするの」

「でも、ここのところが、ヘンだよね」

などのように、相手の言動をチェックしていないことには、「でも」を使って切り返すことはできません。


そしてそれと同時に、この言葉は、自分を否定する言葉でもあります。


「でも、これは、難しい」

「でも、否定されたらどうしよう」

「でも、失敗したら、誰が責任を取るんだろう」

などと、自分の思いについても、心の中で絶えずひっくり返しているのです。

こんな「でも」ばかりの人生になってしまうと、自分のために、自発的に動くことが怖くなってしまうことでしょう。それでも、左脳タイプにとって最も安全な方法とは、自分で動かずに他者を動かすことです。


相手が自分の言うことに従ってさえいれば、責任を相手のせいにできます。すると、

自分が責任を取る恐れを回避することができるのです。

「どうして、それをしなかったのよ?」

「まだ、終わってないのは、どうして?」

などと、相手の欠点やできないところを攻撃するのは簡単なことです。

左脳タイプは、こんなふうに「でも」と「どうして」という言葉を使いながら、相手を容赦なく追い詰めていくのです。

共感性に乏しく、肩書で安心感を得ようとする

左脳タイプは、ことあるごとに他者と自分を比較して、「成績がいい」「言語能力が高い」「知識が豊富」「知能が高い」「頭脳明晰」といった知的活動能力をもとに優劣を競います。とりわけ、

「私が司令塔だから、あなたは何も考えず、私の言うことに従っていればいい」

というふうに、自分が頭脳の役割をすることで、他者は自分の手足として忠実に動き従うことを要求します。言葉で相手を否定したり、やり込めたりするのも、優位に

立つためのアイテムの一つです。その方法の一つとして、彼らはしばしば、

「君は○○大学卒業か。僕は、あの有名な○○大学卒業だ」

「あなたは○○に勤めているんだ。私は一部上場企業の○○会社よ」

などといった肩書自慢で優位に立とうとします。聞いている人は、そんな上から目線が鼻につき、尊敬するどころか、嫌悪感や不快感が先に立つでしょう。

当人は気づいていませんが、本当は、自慢の特徴を他者が「優れている」と認めてくれないと、自分自身が安心できないのです。

無理もありません。**この左脳タイプは、一般的な人の多くが経験する、愛情をもとにした〝人間的な交流〟の体験が乏しいのです。**

たとえば、親が子供を抱きしめれば、子供は抱きしめられたときの安心感や信頼感や愛情を、肌のぬくもりを通して、経験できるでしょう。

けれども、一度も親に抱かれた経験がない子供であれば、どんなに誰かに「肌のぬくもり」の貴重さを説かれたとしても、その心地よさや幸せな感情を、決して理解することはないでしょう。経験していないことは、誰でもわかりようがありません。

左脳タイプは、その生育過程において、愛情に由来するこんな温もりや共感性がはなはだしく欠けている場合が多いのです。そのために、客観的に優れていると言われる「基準」をもって、自分を認めようとするのです。そのために多くの人は、彼らと接するたびに、なかなか心が通じ合えない、奇妙な違和感を覚えることになるでしょう。

常套手段は、口出し＋手助け

左脳タイプにしばしば見られる、典型的な言動のパターンは「相手に文句を言いながら、やってあげる」という行動です。職場でも家庭においても、最も頻繁に見かける光景ではないでしょうか。

「ダメダメ、そんなやり方じゃあ、いつまでたっても終わらないでしょ」

などと、ブツブツと小言を言いながらも、相手を押しのけてでも〝やってあげよう〟とします。

優位に立ちたい左脳タイプにとって、このやり方は、最も安全な自己確認の方法です。それで結果がうまくいけば「私のおかげ」と相手に恩を売ることができるし、結果が悪くても、それは「あなたの責任」で終わらせることができるため、彼らにとって安心な方法なのです。優位に立ちたい左脳タイプにとって、これがさらに好都合なのは、

「そんなこと言っているから、バカにされるんだよ」

「そこは、やり方が間違っているよ。こうするんだよ」

などと、相手を否定した上で、自分が正しいやり方を見せられることです。

まず最初に自分を高めてから、相手の自信をくじくことで、自分に黙って従わせることができるわけです。こんなふうに自分は「安全地帯」にいながらにして、無断で相手の領域に侵入し、言葉の攻撃で相手の自由を奪うことができます。

もしあなたの身近にそんなふうに「ダメ出し」ばかりする人がいるとしたら、あなたは一時も気を抜くことができなくなってしまうでしょう。

家庭や職場といった、簡単に逃れられない場所であればあるほど、優位に立ちたい左脳タイプは、相手の一挙手一投足に目を光らせて、隙あらば介入しようと手ぐすねを引いて待ち構えています。そこであなたはきっと、絶えず監視されているような窮屈さや息苦しさを覚えるでしょう。

「あなたがやるべき」「やってくれるのが当然」

要求しながら相手を支配する「右脳タイプ」

【特徴的な言動パターン】

・「やりたいと思うけれども、まだ機が熟していないんでしょうね」
「いつか、素敵な相手が現れると信じているんです」
「じゃあ、悩まないためには、考えなければいいんですね」

もともと非現実的な空想の世界と現実との境が曖昧なために、社会一般の常識が理解できず、非常に生きづらさを感じています。その非現実な世界の価値観をもとに、自分にも他人にも「完璧」や「完全」を求めます。

・「ここにちゃんと書いてあるじゃないの」

「それ、全然読んでないでしょう」

自分の目の前にいる相手に対しても、マニュアルで動こうとするために、コミュニケーションが成立しにくい面があります。

・「……（無言で圧力をかけてくる）」

「あれほど説明しておいたので、言い訳は通用しませんよ」

絶対的優位に立っていないと不安におののき、相手に対して、王族のように「ぬかずく、かしずく」という絶対的忠誠を無意識に強要してしまいます。

・「○○大学を出ました。付属小学校からずっと○○です」

「一部上場企業の○○に勤めています」

何よりも肩書、名誉、地位といったものを欲しがります。それらはすべて、自分の優位性を示し、安全と自分の存在の「保証」を得るためのものです。

・「普段使いのバッグはシャネルで、子どもの行事用はエルメス」

「うちは昔から着物は○○であつらえている」「食器は○○で揃えてるの」

自分の優位性を示す証しとして、装飾品やインテリアなど、一流品、ブランド品、高品質を好み、洗練された服装や美的センスを誇示します。

さまざまなセレモニーに関心が強く、華麗、豪華、荘厳といった雰囲気を漂わせるものが好きです。そうして格調高さにこだわるのも、自分の絶対的優位性を誇示したいためです。

【こんな〝圧力〟をかけてくる！】

・虚飾の世界の住人。一緒にいるとどこか虚しくなる

理想や幻想の愛といった実体のない世界で、現実逃避的に生きています。現実的な社会に対して無力感や挫折感を抱いているので、一緒にいるとあなた自身も、虚無的、厭世的な気持ちになるでしょう。

ガラス製の芸術品を扱うような繊細さや、些細なミスも許さないような完璧さを要求されるので、一緒にいると、息をするにも気を遣うような息苦しさを感じるでしょう。

◆「空想」や「理想」に逃避する〝お姫様〟

右脳は知覚、感性、想像といった芸術的、創造的な分野を司っています。

イメージ力に優れているので、現実にとらわれることなく、斬新で奇抜なアイデアを出したり、新しいものを創り出す能力に長けています。

右脳タイプは持ち前の想像力を駆使して、非現実的なことや奇想天外な発想で、時代の最先端を行くような可能性を探求していくでしょう。

ただ、**右脳タイプは日頃から、空想にふけったり夢想したりして、非現実的な世界に浸る傾向があるために、実生活に即した対処能力に乏しく、現実から逃避しがちです。**

理想を追い求め過ぎれば、理想世界と現実の世界とのギャップに失望するでしょう。それを自分に求めれば、自分の理想像と実像との違いに自信をなくしていくでしょう。

特に、この右脳タイプは、自分がそれを〝したい〟という「欲求」を抱くことを許されず、「従うこと」が当たり前の環境で育っています。

そのために、さまざまな問題に直面しても、自分で判断したり決断したりすることができません。あらかじめ決められている手順を知りたがり、マニュアルを欲しがるのは、そのためです。

けれども、実生活はマニュアル通りにすすむわけでありません。ひとたびそこから外れると、パニック状態になって頭も心もフリーズしてしまいます。優位に立ちたい右脳タイプは、それを恐れ、他者に対しても、寸分たがわず守るようにと強制するのです。そんな彼らは、周囲から「話がかみ合わない。神経を遣わされるので疲れる。尊大だ。生意気だ。高慢だ」といったふうに映っているでしょう。

◆感情のキャッチボールが苦手で、完璧主義

また、この右脳タイプは、横並びの人間関係を築くことが非常に苦手です。

人と良好な人間関係を築くには、お互いの感情をキャッチし合う能力が問われます。たとえば一般の人であれば、相手が「嬉しい」という表情を全身で感じていれば、その心を自分でも感じて「嬉しい気持ち」が湧いてくるものです。

けれども、右脳タイプは、親子関係において、こんな「感情をキャッチボールする」環境で育っていません。このタイプの人たちが、感情に乏しいように見えるのは、他者の感情を感知するどころか、自分の感情すら意識できずに、置き忘れてしまうような環境で育ったからでしょう。

彼らが感情の代わりに親から求められたのは、表層的な完璧さと完全さです。そんな際限のない要求を突きつけられても、形に見えるゴールは存在しません。子供時代の彼らは、どんなに必死になって努力しても、自分の能力のなさだけを思い知り、生きる気力すら失くしたのかもしれません。

この右脳タイプが相手を軽蔑したり、見下す言動を取ってしまう理由は、自分がそんな屈辱や無念さを味わってきたことの裏返しといえます。その仕返しを、今度は他者にしてしまうということなのです。

ただ、このタイプは、経済的、金銭的には恵まれている人たちが少なくありません。金銭的な不自由さは経験していなくても、もし、家族の誰もが仕事などで忙しくしていれば、彼らは絶えず大人たちに急かされたり追い立てられたりしていたでしょう。

ゆっくりとした親子の時間が持てずに、自分を主張するチャンスさえ奪われていれば、黙って従う従順な子供になるしかなかったでしょう。

あるいは、たっぷり時間のある大人の誰かが、常に子供の言動に目を光らせて、細かく注意したり小言を言ったりすることに、かなりの時間を割いていたのかもしれません。少なくとも、子供の意志や気持ちを少しも尊重せずに、まるで囚人を監視するような非情さでことごとく干渉していくというふうに、心が通い合うような経験の乏しい家庭環境であったはずです。この意味で、まさに経済中心の現代社会における典型的なタイプということができるでしょう。

◆厳しい躾で動けなくなった「箱入り娘」

親なり祖父母なりがお手本となって、それにただ従順であるように厳しく躾けられたとき、子供は、何の疑いも抱かずに従うようになってしまうでしょう。

従うことしか許されない厳しい環境であれば、黙って従うしかありません。そこには、「愛」や「感情」を土台とした肯定的な関わり方がありません。

しかも、ただ「黙って従っていたほうが傷つかない」という環境であれば、自分の頭で考えることもしなくなるでしょう。

もちろん、そうした親や祖父母をお手本として、マニュアル的に従っているだけでは、実生活での社会性も身につきません。

たとえば、親が常に最良の条件を整えて、机や椅子や本棚を買い揃え、部屋の空調施設なども完備して、「ただ、勉強だけしていればいい」という環境を提供したとき、子供はどうなっていくでしょうか。

勉強をするにも、環境が完璧に整っていなければ、専念できなくなるかもしれません。公園や電車の中などでは集中しにくいでしょう。

図書館に行くというふうに、「勉強するための環境」を自分の考えで選んだり、自分の手で作るということすらできなくなってしまうかもしれません。

そうやって、**「自分の力で望みを叶えていく」という能力を奪われた結果、自分の優位性を保証してくれる立場や権威に依存して、なんとか自分の立場を得ようとするのがこの右脳タイプなのです。**

◆自分が尊敬される関係が何よりも大切

そんな右脳タイプにとって、唯一の逃げ道とは、現実から自分だけの世界に意識を逃避させて、空想や夢想をすることでしかなかったのかもしれません。

イメージでは、理想的な世界をどんどん広げることができるし、完璧な自分を創造することもできるし、演じることもできます。夢の中に逃げて、スピリチュアルな世界やメルヘンチックな夢に浸ってしまう人もいるでしょう。

そんな人ほど、現実的には誰かに依存して、自分を庇護してくれる相手がないと、不安でたまりません。

完璧に「自分を尊敬してくれて、相手がぬかずき、かしずく」という階級的関係でサポートしてくれる人を望み、また、それを相手に強要します。

そんな右脳タイプの心理的な安全と保証の肩代わりとなるのが、名誉や地位や肩書ということなのです。自分がそれを手にしていなくても、自分の配偶者や子供が手にしていれば、優位に立ちながら安心して依存できます。

実際にそれを実行しているかどうかは別にして、自分自身が親からそうやって一方的に完璧さと完全さを強制されてきたために、相手にもマニュアル的な完璧さや完全さを求めます。

優位に立ちたい右脳タイプは、仕事や人間関係において、些細なミスも、わずかな瑕疵《かし》も許せません。ほんの一ミリほどの痛みでも、侮辱されたと感じれば、相手との関係を切ってしまうほどに傷つきます。それは一ミリの痛みであっても耐えられないほどに、自分の無力さを痛感するからに違いありません。

「感謝の意」を要求しつつ相手を振り回す

右脳タイプは、自分自身が自分であることも、自分らしく生きることも、「自分の人生を自分の手で築いていく」という力さえも、根こそぎ奪われてしまっているのかもしれません。普通の人が無償の善意ですることも、このタイプの善意は、あたかも相手に勲章を授与するかのような振る舞いに映ります。相手がそれを名誉に感じて感謝の意を表さないと、それだけで傷ついて、途端に不機嫌な顔をするでしょう。

このタイプの人にとっては、**その行為そのものがセレモニーのようなものであるために、相手がそれに「感謝の意を表さない」と、それが相手を疎む理由となるのです。**

優位に立ちたい右脳タイプは、この世で最も薄いガラスの器を扱うような〝超〟のつく繊細さを他者に要求するため、要求された相手は、表面の皮膚が剝がれた傷が空気に触れて、ヒリヒリするような苦痛を味わうことになるでしょう。

職場にこんな右脳タイプがいると、稲光のような苛立ちが、職場中に充満することになります。そんな空気の中、自分が稲光に直撃されないためには、一瞬の油断も許されず、窒息してしまいそうな緊張感や緊迫感を抱き、息を潜めながら過ごすことになるのです。

本章では、こうして4つの脳のタイプ別に、「優位に立ちたい人」の言動とその背景についてご説明しました。

それでは次章で、優位に立ちたい人の「弱点」を押さえ、その言動に振り回されないコツを学んでみましょう。

第3章

「優位に立ちたい人」の〝弱点〟を押さえよう

11 一方的な物の見方が、「優位に立ちたい人」を問題人物に変えている

◆「優位に立ちたい人」は、「あなたが一方的に悪い」と考えている

自分の意識が外側に向いていると、自分の目に映るのは他者の姿だけです。

とりわけ「他者中心」の人は、意識が外側にとらわれているので、「自分には気づかず」に、自分の目で見えることだけで判断しようとします。

「上司はいつも怒っていて、厳しい口調で私を攻撃してくる（ように見える）」
「同僚が、険しい顔をして、とげとげしい言い方をしてくる（ように見える）」
「後輩は、コソコソとした態度をとって、私を避けている（ように見える）」

「あの人は、すぐ感情的になる（ように見える）」

「この人は、いつも反抗的な態度をとっている（ように見える）」

というふうに、実際には、飽くまでもそのように〝見える〟だけなのですが、自分の目に映る情報だけで起こっていることを判断しようとします。

そして「そのように見える」ことだけを基準にして思考すれば、「憶測で決めつける」ことになりやすく、

「上司は、私だけを目の仇にしている」

「同僚は、私を嫌っている」

「後輩は、私を疎んじている」

「あの人は、私をいじめのターゲットにしている」

「私が言うことに、あの人は必ず反対する」

などと、決めつけたりするでしょう。

もちろん、そうやって考えているときも、自分の頭の中に浮かんでいるのは相手の姿です。

他者中心の人ほど、相手の言動にとらわれているので、相手の態度や表情や言動がつぶさに見えるし、実際に観察もしているでしょう。

もっともそれは、自分から見ただけの一方的な見方です。

こんな見方をしている限り、相手は常に、自分を傷つけてくる「加害者」で、自分は「被害者」という構図になって、どんな場合でも「相手が悪い」というふうに言いたくなってしまうでしょう。

これは、「優位に立ちたい人」も同様です。

もしあなたが、今、優位に立ちたい人との間で問題を抱えているとしたら、とても「信じられない」と思うかもしれませんが、相手の目には、**「あなたが一方的に悪い」**というふうに見えています。

優位に立ちたい人も、あなた同様に、

「あいつは、いつも反抗ばかりしてきて、態度が悪い」

「無能なくせに、口だけは達者な奴だ」

「仕事はろくにできないくせに、横着だ」

「お前の口の利き方は、なってないッ。それが俺に対する態度かッ！」

「折れてやっているのに、どうして怒らせるようなことばかりするんだッ」

　こんなふうに映っているかもしれません。

◆言動の裏にある「本当の理由」を推し量れない

　たとえば職場で、何度注意しても遅刻を繰り返す部下がいるとしましょう。

　他者中心の思考回路によって導き出される答えは、

「だったら、いつもより20分、30分早く起きればいいじゃないか」

「10分早く出勤すればいいじゃないか」

　ということになるでしょう。

　上司が、その思考のままに、

「いつもより20分、30分早く起きればいいじゃないか。10分早く家を出ればいいだけのことだろう。どうして、たったこれぐらいのことができないんだッ」

と部下を叱責したとしましょう。

果たしてそれで、部下の遅刻は改善されるでしょうか。上司にとっては単なる「10分の遅刻」であっても、部下にとっては、そうではありません。「いつも遅刻してしまう」ということは、部下にとって非常に深刻な問題なのです。仮に部下が30分早く起きたとしても、恐らくその問題が改善されることはないでしょう。

なぜなら、それは、早起きをするかどうかの問題ではないからです。

そこには、別の、もっと根の深い問題が潜んでいます。

もしかしたら、その部下は、今の仕事に、やる気をなくしているのかもしれません。

人には言えない、個人的な悩みがあるのかもしれません。

あるいは、「遅刻する」というのは、今に始まったことではなく、学生の頃からそうであったのかもしれません。

ただ、いずれにしても**それは個人だけの問題ではなく、本人を取り巻く人々との「関係性」が、遅刻の原因となっている可能性もあるのです。**

この例でいえば、「その上司と部下」との関係であるのかもしれません。部下にとっては、その上司が優位に立とうとする「怖い存在」になっていて、その恐れが「遅刻」という形で表面化しているとしたらどうでしょうか。

夜、就寝するときに、

「また明日も、会社で上司に叱られるかも知れない」

と考えれば、気が滅入るでしょう。

目が覚めたときは、

「ああ、今日も、あの上司の元で怒鳴られながら働くのか」

などと考えれば、出社する足もすくむでしょう。

上司がそれに気づかずに、他者中心的思考回路で、

「たった10分早く来るだけのこともできないなんて、情けない。こんなことも守れないようだったら、会社なんか、さっさと辞めてしまえッ！」

などとパワーハラスメント的に畳みかけて叱責すれば、いっそう部下は追い詰められていくかもしれません。

◆問題は「相手」でも「自分」でもなく、「関係性」にある

多くの人が、物事を「正しい、正しくない」「良い、悪い」といった二元論でとらえてしまっています。

「勝ち負け」や「敵・味方」の意識が強い人ほど、こんなふうに「善悪」で判断しようとするでしょう。

そんな目で見れば、上司にとっては、部下に問題があるように見えます。けれども客観的に見れば、上司の態度が適切なものだとは言えません。

もしこのとき、部下が自分の感情を素直に感じることができていれば、「上司が怖い」と感じている自分を認めることができるでしょう。

けれども、もし部下が「良い、悪い」の意識にとらわれてしまっていると、上司にそうやって怒鳴られても、

「遅刻する自分が悪いから、仕方がない」

と考えるかもしれません。

しかし、いずれにしても、こんなふうに「相手が悪い、自分が悪い」といった判断の仕方で、この問題が解決することは難しいでしょう。

なぜならこれは、「良い、悪い」の問題ではなく、「上司と部下との関係性」で起こっているからです。

どんなに部下が不適切な言動をとったとしても、それに対して怒鳴ったり、相手を誹謗中傷していいということにはなりません。

上司は自分を客観的に見ることができないために、「自分の言動が相手に恐怖を与えている」という「自分と相手」との関係がまったく認識できていません。

同様に部下も、自分が悪いと思うあまり、「〝怒鳴る相手〟と〝怖いと感じている自分〟」という関係性を問題視するまでには至らないでしょう。

こんなふうに、**大半の問題は個人だけの問題ではなく、お互いの、あるいはそれに関係する複数の人々との「関係性」で起こっているのです。**

12 相手は、あなたの言動に敏感に反応する

◆ 相手を何とかしようと思うと、無理が生じる

相手ばかりを気にしていると、お互いの言動が、相手に影響し合っているのだという「関係性」に気づきません。

たとえば部下が、上司に叱られる「自分が悪い」と思っていれば、どうするでしょうか。

悪い自分を許してもらえるようにと思うので、

「じゃあ、怒鳴られないようにしよう」

と考えるでしょう。

そうやって相手のほうに意識が向かってしまうと、

「では、どうしたら、相手を怒らせないですむだろうか」

「では、どうしたら、相手は怒りを収めてくれるだろうか」

「どうすれば、相手は、自分を気に入ってくれるのだろうか」

といった発想しか浮かびません。

こんな「他者中心」に陥ると、怖い相手の機嫌を損ねないように、唯々《いい》諾々《だくだく》と従ったり、おもねったり、追従《ついしょう》したり、媚びを売ったりして、その関係を変えようと試みるでしょう。

もちろん、そんな方法ではまず、成功しないでしょう。

人間関係は、お互いに自分の言動も含めた関係性で成り立っています。どちらが優位に立つかは、相手と自分とのバランスです。

これに気づかないと、自分の思惑とは裏腹に、相手との関係はいっそう悪化することになるでしょう。

相手が「優位に立ちたい人」であればあるほど、お互いの関係はエスカレートします。

もちろん、それで「怖い」という自分の感情が解消されるわけでもありません。むしろ、そうやって他者中心的な振る舞いをすればするほど、いっそう自分の恐怖は増大していくでしょう。

どんな場合でも、相手を何とかしようとすれば、無理が生じます。最初の数回は、効果的であるかのように思われたとしても、「相手を何とかしよう」とする方法でうまくいくことは、決してないのです。

◆相手の言動によって、自分の態度や行動を決める人たち

当たり前のことですが、自分の目に映るのは周囲の光景や出来事や他者の姿だけで、自分では、自分の姿を見ることはできません。

鏡の前に立てば自分のことを見ることができますが、人と接しているとき、リアルタイムで、自分がどういう表情をしたり、どういう態度をとったりしている

かを見ることはできません。

そのために、自分の意識が外側に向いてしまうと、そんな「当たり前」の自分が客観的に見られない状況に陥って、自分を忘れてしまいます。

そんなふうに**「自分が存在しない」状態で、相手の言動によって、自分の態度や行動を決めようとするのが他者中心の人たちです。**

最初から、自分の「気持ちや感情や欲求」に適った判断や選択や行動をしないのですから、相手が満足することはあっても、「自分が満足しない」のは言うまでもないでしょう。

たとえば職場で、あなたの同僚が、あなたに煩雑《はんざつ》な仕事を強引に押しつけてきたとしましょう。それは本来、同僚が果たすべき仕事です。

同僚に仕事を押しつけられたとき、あなたは、どんな気持ちになりましたか。

そのとき、どんな態度をとりましたか。

表情は、どうだったでしょうか。相手にどういうふうに、映っていたと思いますか。

返事をしたとき、どんな気持ちになっていましたか。

あなたが言葉を返したとき、どんな言い方をしたのでしょうか。

自分が言ったときの「言葉の響き」はどうでしたか。自分で自分の言葉の響きを思い出すことはできますか。

その結果、あなたはどんな行動を取ったのでしょうか。

そのときあなたは、どんな気持ちでそう判断し、どんな気持ちで決めたのでしょうか。

こんなふうに尋ねられたとき、まったく答えられない人も少なくないのではないかと思います。

あるいは、こう質問されてはじめて、自分の「気持ちや感情や欲求」のほうに、まったく焦点が当たっていなかったということに気づいた人もいるに違いありません。

同僚に仕事を押しつけられたとき、
あなたはどんな気持ちになりましたか？

自分の気持ち、感情、欲求に焦点を当ててみよう

- そのとき、どんな態度をとったか？
- 自分の表情は、相手にどのように映っていたと思うか？
- 返事をした瞬間、どんな感情が生まれたか？
- どんな言葉を使って返事をしたか？
- 返事の際の「言葉の響き」を思い出すことはできるか？
- その結果、どんな行動をとったか？
- その行動は、どんな気持ちで決めたのか？

「自分の心」を知れば、相手の反応は予測できる

私たちは、自分の普段の姿を客観的に目撃することはありません。

自分がそのとき、どんな態度や表情をしていたか。

永遠に、見ることはできません。

自分の姿が、相手の目に、どういうふうに映っていたかを知ることもできないでしょう。

けれども、**「自分がどんな状態であるか」**を、知ることはできます。しかもそれは、誰よりも正確です。

その方法は、自分の「心を感じる」ことです。

自分が感じている感覚のほうに注目して、「実感する」。これだけです。

自分がどんな感情を抱いていたか。

身体的には、どんな状態だったか。

たとえば、自分にとって怖い出来事が起これば、その感情において、「怖い」

という恐怖心を抱いているでしょう。身体的にも、恐怖心で緊張しているでしょうし、身震いしているかもしれません。

相手に愛を抱いていれば、心は愛で満たされて、満足したり、幸福を実感しているでしょう。身体的には、力が緩み、血液が全身に行き渡り末端まで流れて、手足の温かさを感じているかもしれません。

自分のこんな感覚を把握できれば、自分の状態が相手に与えている影響と、それに伴う相手の反応を予測することも可能となるのです。

そして、相手の反応が予測できれば、あなたが相手への反応を変えることで「関係性」を優位に持っていきやすくなります。次項で詳しくご説明しましょう。

13

「反応」を変えれば、言いなりになることはない

◆「モード」を変えて、相手を対応不能にさせる

「関係性」でいえば、自分の状態が相手に影響を与えます。もちろん、相手の状態が、自分にも影響を与えています。

それは、誰もがお互いに、自分の意識を送受信し、それを「感じ合っている」からです。仮に自分は自覚していなくても、無意識に感じ合って、それに応じた反応を返し合っています。

たとえば相手の気持ちが「戦闘モード」になれば、あなたもそれを感じて、「反

撃モード」で身構えるでしょう。それは、相手が発信している戦闘モードの意識を、あなたが受信したからです。

今度は、相手によって引き起こされたあなたの反撃モードを、相手が再度感じてさらに戦闘モードの目盛りを上げれば、あなたもまた、いっそう反撃モード体勢を強めるでしょう。

あなたと相手との間の、こんな「感じ方のキャッチボール」が、互いの闘争心をエスカレートさせていくのです。

こんな対立の関係性になっているとき、恐らくどちらも、

「相手が先に、自分を攻撃してきた」

と主張したくなるでしょう。けれども、もちろんそんな白黒の決着のつけ方で解決することはないのです。

では、こんな場合はどうでしょうか。

相手の気持ちが「戦闘モード」になっているのは、変わりません。

けれどもあなたは、相手の戦闘モードに反応せずに、「リラックスモード」の姿勢で相手を受け止めました。

その途端、相手は戸惑いを覚え、混乱するでしょう。

と同時に、相手の戦闘モードは一気に挫かれて瓦解し、戦意喪失してしまうかもしれません。

場合によっては、対応不能な「フリーズ」状態に陥ってしまうかもしれません。

それは、自分がいつも感じるようなあなたの反応とは違った態度を〝感じ取った〟からです。

相手のマニュアルには、こんな場合の対応方法が載っていません。

戦い合う相手とは戦いを激化させることができます。また、負ければ小さくなったり白旗を振ったり、逃げながら報復を誓ったりすることもできます。

けれども、相手がどんなに敵意を送信しても、あなたはそれを受信しない。拒否しているわけでもない。さらに威嚇してもそれに反応する気配もなく、終始、動じずにリラックスしている。

これでは、相手はどうしていいかわからず、頭は空白状態に陥って、フリーズするしかないでしょう。

自分の体験の中にないものには、対応できません。いわばそれは、動物の、恐怖による「失神」状態と似ています。

こんなふうに、熾烈な戦いに挑まなくても、相手を退けたり、戦意を喪失させたりすることができるのが「関係性」なのです。

◆「自分の感じ方」を基準に反応を決める

自覚はしていなくても、実はお互いが〝相手の意識を感じ合って〟いるのです。

ですから、その時々の自分の状態を、「自分中心」になって「感じる」ことができれば、自分のことだけでなく、相手のことも「感じる」ことができます。

相手を知るためには、単純に、相手の態度や表情を、自分自身が「感じる」だけでいいのです。

一般に伝わっているような、相手の仕草や言動から気持ちを読み取るための、さまざまなテクニックを覚える必要もありません。

そんなテクニックを身につけて予測するより、「自分の感じ方」を基準にして判断したほうが、何十倍も正確です。

感じることができれば、相手の言い訳や弁明や嘘や甘言に騙されにくくなります。しかもそれに加えて、自分の感じ方を根拠とする判断の仕方は、誰よりも「自分自身にとって」最も有益となるでしょう。

これは自分を信じることになると同時に、「感じ方」を情報とするための精度を磨くことにもなるでしょう。

相手の態度や表情を目にしたとき、自分がどんな気持ちになっているか。相手の言動を、自分がどう感じているか。

これを筆者は、「私を感じる。相手を感じる」という言い方で表しています。

自分が感じて、初めて、自分がどうするかが決められます。

もちろんそれは、「自分のため」です。

私たちは、自分の気持ちや欲求や感情を解消するため、満たすために、自分が

直面している問題に対して、

「どうすれば、自分自身がつらくならないようにすることができるだろう」

「どうやったら、もっと自分を大事にできるだろうか」

「こんなとき、どうすれば、自分を守ることができるだろうか」

「自分がそんな相手に対して、どうすれば、ラクでいられるだろうか」

というふうに、「自分を基準」にした発想で解決方法を探ろうとするでしょう。

他者中心になって「他者に合わせて自分を曲げよう」とするか、自分中心になって「自分の欲求や気持ちや感情に沿おう」とするか。他者中心と自分中心の決定的な違いが、ここにあります。

こんな自分中心の対応方法は、後章で詳しく述べていきたいと思います。

14

「優位に立ちたい人」は責任を取ることを恐れている

「優位に立ちたい人」と「恐れる人」

大多数の人たちが、優位に立とうとして戦うか、反対に、優位に立とうとする人たちを恐れながら、その対応方法に苦慮しています。

以下の話は、それぞれが「他者中心」であるために、「優位に立ちたい人」と、「優位に立ちたい人に従って生きている人」の、「関係性」を示す事例です。

ある小学校で、担任の教師が、

「あのぉ、実は、A君が……」

と、A君の祖母に電話をしてきました。

何事かと驚く祖母に、教師は言いよどみます。優位に立ちたい人の典型である祖母は、間髪を入れずに、

「何があったんですか！　早く言いなさいよ！」

と怒鳴って優位に立とうとしました。

こわごわ答える教師によると、A君が、足が痛くて歩けないと言っている。母親に電話したが連絡がつかないので、仕方なく別に所帯を構えている祖母に電話した、とのことです。

どんな状態なのかを知ろうとして、また、

「それで、病院ではなんと言っているのですかッ！」

と怒鳴ると、まだ、病院に連れていっていないと教師は言います。

「どうして、すぐに行かないんですか。痛いと言っているのに、なぜ放置したままなんですか！」

祖母の剣幕に恐れをなした教師は、しどろもどろに、
「それがその……。今の時期はとても忙しいんです。事務的な仕事が山積みで。私も残業、残業で大変なんです。毎日、夜の10時まで残って仕事をしているのです」
などと言い訳をし始めました。

この例の祖母と教師との「関係性」を前章の4つの脳タイプに分類するなら、優位に立ちたい「左脳タイプ」の祖母と、優位に立ちたい人を極端に恐れる「右脳タイプ」の教師との組み合わせです。

この教師のような右脳タイプは、自分で決断することができません。とりわけ責任を取ることを恐れているので、誰かが指示、命令してくれないと、怖くて動けません。だから、「すぐに病院に連れていく」という決断ができなかったのです。

また、責任を追及されそうになると、その恐れから、言い訳したくなるというのも、その性質を考えれば無理のない話なのです。

ところが実は、優位に立ちたい祖母も、その根っこは同じです。強気な態度で

・目の前の事実より、自分の立場に関心が向かう
・責任を盾にして相手に圧力をかける

・誰かの指示がないと動けない
・責任を追及されるのが怖く、言い訳してしまう

人間対人間の衝突は「関係性」から起こる！

他者に責任を追及することはしても、自分の責任で決断することができません。

祖母が教師の言い訳を長々と聞いたのは、教師の話を途中で切ることができなかったからだけではありません。**無意識に、このことの責任を教師に負わせたかったからなのです。**

◆「優位に立ちたい人」は責任が取れない

タクシーで学校に駆けつけた祖母は、そこでも、その場にいた担任の教師、部活の教師、保健の教師3人に向かって、

「もし、私が来られなかったら、どうしてたんですか。このまま、母親が仕事から戻るまで、放っておくつもりだったんですか！」

「この状況って、異常ですよね。子供に責任を持てないのなら、学校になんか、預けられませんよ！」

などと怒鳴ったのでした。

こう言い放ち、この祖母が待たせておいたタクシーに乗り込もうとするとき、

保健の教師が、

「待って！　やっぱり、私も行きます！」

と追いかけてきました。

祖母は、その言葉に縛られて、動くことができなくなってしまいました。保健の教師が身支度をして出てくるのを待つこと、十数分。ここでも祖母は、教師の言葉を振り切って病院に向かうことができなかったのでした。

相手の言葉にとらわれて、つい無意識に〝従ってしまう〟という自動反応によって、A君のことは後回しで、ただただ教師の支度を待っていたのです。


病院で手当てを受けた後、祖母はA君の家で、母親と父親の帰宅を待ちました。しばらくして両親が帰ってくると、祖母は早々に息子（父親）を捕まえて、この経緯を得々と話し始めました。

夢中になって喋る祖母の目には、誰のことも映っていません。苦虫をかみ潰したような顔で聞く息子の表情が、次第に険しくなっていきます。

話し終えた祖母が満足げに感謝の言葉を待っていると、息子は突き放すように、

「先生にアレコレ文句を言うなんて、どういう了見なんだ。学校で、子供がいじめられたらどうするんだッ!!」

と大声を張り上げたのでした。

その後はもう、祖母と息子で、聞くに堪えない言葉の応酬となっていきました。

恐れが問題を大きくし、混乱させる

この事例で、教師の「誰かが指示してくれないと動けない」という対応には問題があります。

責任を取るのを恐れるあまりに、他の指示に唯々諾々と従っていれば、自分で考える力をなくしていきます。その時々に応じた対処能力も育てられません。

突発的な事が起こったとき、適切な判断ができなければ、命を危険に晒してしまう確率も高くなってしまうでしょう。

同様に、祖母の対応も、適切であったとは言いがたいでしょう。

祖母の優位に立ちたいがための言動は、問題の本質から目を逸らさせ、枝葉末節的なことにこだわって、「正しい、正しくない」で言い争っていく引き金となるでしょう。祖母と教師の両者が対立すれば、問題を大きくより複雑にさせたり、別のトラブルを引き起こしていくかもしれません。

もちろん、こんなことをしていれば、問題の本質からどんどん遠ざかっていくだけでなく、状況を悪化させ、いっそう混乱を招く結果となるでしょう。

重ねて強調しておきたいのですが、**「責任をとることへの過剰な恐れ」は、他者中心の人たちや優位に立ちたい人たちの、致命的な弱点です。**

また、この祖母と息子の「関係性」は、親子問題の一端を示すものです。

自分が育った家庭環境に問題があって、それがいまだに修正されていない場合、かつての親子関係で学習した不適切な言動パターンがこんなところに表れて、似たような光景を再現させることになるのです。

いずれの立場においても、相手に勝とうが負けようが、「優位に立とう」とする競争原理が、底辺に流れています。

15 目指すべきは、心が通い合う人間関係

いちばん大事な「心」がおろそかに

前項のような出来事において、お互いの競争原理が働くとき、最もないがしろにされるのは「心」です。

先ほどの例では、「孫（A君）の心に、誰か寄り添ってくれていたのだろうか」という疑問です。

話の展開をなぞっていくと、関係者の中に、孫の心を救う者は誰もいないようにしか思えません。

痛みを抱えた孫は、どんな気持ちでそこにいたのでしょうか。

教師は、生徒に安心できるような言葉掛けをしていたのでしょうか。

子供の気持ちを汲んでいれば、子供は安心するでしょう。

子供目線で向き合って、手を握りながら、

「痛いねえ。不安だろうけど、大丈夫だよ。もう少し待ってね。今、お母さんたちに連絡を取ってるんだ」

なかなか連絡が取れないときは、

「連絡がつくのに時間がかかるようだけど、どうしたい？　先生は、すぐに病院に行こうと思うけど、どうだろう？　病院からでも連絡できるでしょう？」

といったふうに、子供と会話をすれば、そのやりとりの中で、もっと適切な決断ができていたかもしれません。

何よりもまず祖母は、先生を怒鳴る前に、孫の元に一直線に駆けていって、

「不安だったねえ。よく頑張ったねえ。もう、大丈夫だから、安心して」

などと言葉掛けをして、孫を抱きしめたのでしょうか。

◆「優位に立ちたい人」を再生産しないために

せめて、祖母の〝心〟が最初から最後まで、孫のA君のほうにあったかどうか。

もし、そうでなければ、孫は、まるで自分が、砂浜で波に取り残された貝殻のような寄る辺のない位置から、自分の目の前で争い合う大人たちの姿を目撃することになります。

家に帰っても、父親と祖母が、同じような光景を展開させました。

孫の心は、うち捨てられたままです。

優位に立とうとして争っていくと、どうなっていくか。孫の目線で見ると、それが、よりはっきりと想像できるのではないでしょうか。

勝っても負けても、何も残らない。

どっちに転んでも、心の平和や安心が訪れるわけではありません。

心が通い合う人間関係が手に入るわけではありません。

もともと「優位に立ちたい人」も「それに負けた人」も、本当は、そんな心を求めていたはずです。

けれども、それが「得られない」と思い込んだとき、彼らは優位に立てば得られると勘違いしたのでしょうか。

それとも「得られない」のであれば、仕返しをしてやれとばかりに、優位に立つことを目指し始めたのでしょうか。

いずれにしても、こうした経験を積み重ねていけば、いずれ、この「孫」の立場にいる人たちが、優位に立つことを目指し始めることは明らかだといえるでしょう。

第4章

「優位に立ちたい人」に振り回されない自分をつくるレッスン

16

あなたの態度次第で、「優位に立ちたい人」は退散する

✦ 毅然とした態度に、相手はひるむ

何でも、どんなときでも、相手が自分の思った通りにしないと気が済まないのは、「優位に立ちたい人」に共通する意識です。

しかも、一人でできることであっても、わざわざ、人を巻き込もうとします。一人では心細かったり、自信がなかったりするために、絶えず誰かに、無意識に依存して、安心していたいからなのです。

たとえば、あなたが家で好きなことをしているとしましょう。あなたは楽しい

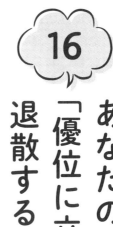

気分に浸りながら夢中になっています。

優位に立ちたい人は、あなたが何をしていてもお構いなしです。自分が食事をしたくなったら、すぐに「用意しろ」と要求します。

自分が捜し物をしていたら、すぐにそれを自分の目の前に持ってきてくれないと、「遅い」と言って腹を立てます。

あなたはその度に、相手がそうやって感情的になるのがイヤで、つい、今やっている自分の好きなことを中断して相手の要求に従います。

そうしてあなたは、知らずしらずのうちに「相手の感情」に乗って行動してしまう「他者中心」の自分になっているでしょう。

たとえば理不尽なことを言われたとき、あなたは相手に対して、次のような態度をとったことはないでしょうか。

・顔には出さないものの、面従腹背で「いつか、仕返しをしてやる」というような気持ちを抱いている

- **言われたことに従うものの、あからさまに否定的な表情や態度をとっている**
- **相手に聞こえるか聞こえないかの声で不平不満を言いつつ、渋々従っている**
- **自分のほうも感情的な受け答えをして、争いになることが少なくない**
- **感情的な言い方で拒否している**
- **争いになることも、感情的になることもなく、一切無視している**

あなたが優位に立ちたい人に対して、ここで列挙したように、不服顔で従っていたり、不満をブツブツと呟きながら従っていれば、相手は、あなたのそんな態度や表情に反応していって、さらに感情的になるでしょう。

相手が反応するのは、あなたが発した言葉そのものではなく、あなたの態度や表情や言い方なのです。

このように、人間関係はすべて「私と相手」との関係性で成立しています。

相手の感情に乗って、自分も感情的になれば、相手との争いは激化していきます。自分が相手の言動に反応しているだけでなく、相手も、自分の言動に反応しています。お互いに反応し合って、二人の状況をつくりあげているのです。

では、あなたが次のような態度で相手に対したとしたらどうでしょうか。

・身体を相手の正面に向けて、顔を上げ、相手と顔を合わせて堂々と「わかりました」と言う

あなたが「わかりました」と言う立場だったら、前記している例と比べて、どちらが気持ちよいでしょうか。どちらが、自分のプライドを守ることができるでしょうか。

この違いを、イメージしてみてください。

とりわけ、優位に立ちたい人ほど、相手の毅然とした態度によって、自分の中に押し込めている〝恐怖〟が引き出されて、ひるむことになるでしょう。場合によってはそれだけで、「私と相手」の関係が、逆転してしまうこともあるのです。

こんなふうに、同じ「わかりました」という言葉でも、それをどんな気持ちで引き受けているのかは、態度や表情や語調に表れます。

私たちは、自覚していてもしていなくても、言葉ではなく、そこに反応し合っているのです。

17 相手のペースに巻き込まれないレッスン

相手の気持ちを認めてみる

「優位に立ちたい人」はことさら、「自分の敵か味方か」を見分ける必要があるので、相手がどんな意識でいるかに非常に敏感です。

あなたがそんな人たちとつき合わなければいけないとき、一体どうすればいいのだろうと途方に暮れてしまうでしょう。

けれども、先ほどから何度も「関係性が大切である」と述べているように、自分自身の対応が変われば、相手との「関係性」を変えることは可能です。

たとえば、前項の例のように、あなたが自分の好きなことをしているときに、

「これ、どこにあるか、わからないんだ。探してよ」

と相手が言ってきました。

このときあなたが、相手を無視して好きなことを継続しようとしたなら、相手は「ほら、早く！」などと声を荒らげてあなたを急かすでしょう。

もしもあなたが、これまでの関係で、いつも黙って従っていたのだとしたら、ここでそのパターンが破られたことになり、相手はいっそう感情的になって、あなたを動かそうとするでしょう。

こんなふうに、優位に立ちたい人に対して正面から戦いを挑んでも、決していい結果にはならないことが多いのです。

では、そんなときに、こんな対処方法をとったとしたらどうでしょうか。

相手の感情に乗らずに、

「これが終わってからで、いいかな？」

「これを先にやってしまいたいのね。あと1時間、待ってくれないかなあ」

「今、このテレビを観たいんだ。これが終わってからでいいんだったら、手伝えるわよ」

こんな「断り方」もできます。

言い換えれば、こんな「引き受け方」もできます。

自分中心心理学では、これを「中間の断り方、引き受け方」と呼んでいます。

こんな「中間の断り方、引き受け方」が好ましいのは、まず、「自分の気持ちを優先できる」ということです。

と同時に、「相手の要望」も受け入れています。

相手にとっては、「自分が否定されない。拒否されない」から、あなたの希望を受け入れることができる、ということなのです。

◆「感情的」ではなく「具体的」に示す

もっとも、この文章を読むだけならば、すぐにできるような気がするでしょうが、いざ、感情的になりそうな人を前にすると、咄嗟《とっさ》にこうした応答はできないかもしれません。

というのは、これらは日頃から「自分を大事にすること」に焦点が当たっていないと出てこない言葉だからです。

「私は、私の欲求を満たしていい。自分の気持ちを大事にしていい。自分を優先していい」

という意識が普段から育っていないと、相手ばかりが気になって、自分のほうに意識が向きません。

優位に立ちたい人が感情的になって言ってきたとしても、あなたが自分のほうに意識を向けていれば、相手の都合に先んじて、

「私は、今、これをしているのが楽しい。だから、これを続けたい」

という「私の欲求や気持ち」に気づきます。

さらに、そんな自分の欲求や気持ちを大事にするために、

「私のしたいことのほうを優先していいんだ」

ということが、心から認められるでしょう。

こうした「自分中心」の意識が普段から自分の中に育っていると、職場でも、

「あと30分ほどで終わりますので、これが終わってからでいいでしょうか」

などと応対することができるのです。

このように普段から自分中心になっていると、優位に立とうとする相手を前にしても、自分を優先することができます。また、そうやって意識が自分のほうに向いていればその分だけ、相手が感情的になっていたとしても、気にならない心理状態でいられるでしょう。

こんなふうに、感情で支配してくる人に対しては、感情で対抗するのではなく、自分の欲求や気持ちに沿って、自分を優先するために「具体的」に提示していくことです。その方法を、次の項で考えてみましょう。

感情で支配してくる相手には、感情で対抗せずに
具体的な事実を提示して、その圧力をかわす

18

自分の気持ちを「言葉」にして伝えるレッスン

◆「具体的」に気持ちを伝えるレッスン

たとえば、妻であるあなたと夫が、家族と食卓を囲んでいます。夫はテレビを観ています。

あなたは、側にいながら、別のことを考えています。〝相手を感じる〟共感性の感度が乏しい夫は、あなたが側にいるだけで、自分と同じものを見て、考えていると思い込んでいます。

普段から自分の優位性を疑っていないので、妻の〝心〟などお構いなしです。

自分の関心事しか頭にないために、

「なんだ、このコメンテーターは。こいつ、まともなことを言ったためしがないな。さっさと降板させればいいんだよ。なあ」

などと同意を求めます。

あなたが即座に相槌を打たないと、

「何だ、俺の話、聞いてなかったのかッ！」

と、夫は腹を立てます。

こんなときには、言葉をまともに受けて感情的になるよりは、

「あ、ごめん、ごめん。今、別のことで頭がいっぱいなので、あなたの話を聞く余裕がないんだ」

というふうに、自分の気持ちを言葉にして断ることができます。

ただ、こんな夫婦の場合、すでに、「夫が喋り」「妻は黙って聞いてあげる」という「関係性」ができあがっていることが考えられます。

その固定された関係を打ち破るためには、あなたのほうから夫に、その日の出

来事や趣味のことなど、自分の関心のある話を持ち掛けてみることです。

あくまでも、これはレッスンです。

人の話を黙って聞いてしまう人は、夫に限らず、職場でも友人関係でも、似たような受身の関係性を築いているでしょう。

◆受け止めてもらえなくても、気にしない！

普段は黙っている人が、あえて自分から相手に話しかけるのは、かなりハードルの高いことだと思います。

「黙って聞く」というパターンは、聞きたくない話を我慢して聞いていて苦痛を感じる半面、黙って聞いていればいいだけという「気楽さ」もあります。

けれども、自分が黙ってばかりいると、一方的に聞いてくれる相手を探して、「優位に立ちたい人」が寄ってきます。

換言すれば、**「自分がそんな相手を引き寄せている」**ということなのです。

そんな関係性を築きたくなければ、自分のほうから話しかけるレッスンが必須です。ただし、あくまでこれは、レッスンだと割り切ることです。

もしかしたら、相手はまったく聞いてくれないかもしれません。この例のような夫であれば、なおさらでしょう。

相手が自分の話を受け止めてくれなければ、誰でも傷つきます。

この妻は、だから「自分から話すのをやめてしまった」のかもしれません。

そうした関係から脱却するために、家族をレッスン台として、自分中心の接し方を練習するという発想です。

ですから、レッスンするときは、相手が受け止めて聞いてくれることを「期待しない」ことです。相手の心を「斟酌《しんしゃく》しない、おもんぱからないレッスン」です。

レッスンの目的は、自分の話を聞いてくれる相手を探すことではありません。

あくまで、依存心が強く、絶えず話しかけてきてうるさい相手に、自分のやっていることを「邪魔させない」というのが目的です。

これを忘れて、相手に「心が通じ合う」ことを期待すると、見事に裏切られることになるでしょう。

相手が喋っているときに、一瞬でも隙があったら、

「私ね、昨日、こんなことがあったんだ」

と切り出してみることです。

まったく相手が聞く素振りを見せなくても、あなたが自分のほうから言えれば、それだけで「成功」です。というのは、このレッスンは、「一方的に話を押しつける側」と「黙って聞く側」という、お互いの関係性を変えることが目標だからです。

しかも、急ぐことはありません。それこそ、

「いつか、言えればいいなあ」

というぐらいの軽さで、そのチャンスを気長に待ちましょう。何度かそのチャンスを逃しても、いつか、一度だけでも「できた！」という経験ができれば、その〝できた〟という実感が、あなたに喜びと自信をもたらすに違いありません。

“黙って聞いている妻”から“話しかける妻”に変身！
「関係性」を変えることが目的。聞いてもらえなくても構わない

19 相手の挑発に乗らないレッスン

不快にさせて、関心を引く

「優位に立ちたい人」は、根本的に依存心の強い人たちです。

そのために、誰かに依存していないと落ち着きません。

「依存していても絶対に安全な人」を確保していないと不安や恐怖にさらされるため、相手を支配しようとするのです。少しでも相手の関心が自分から離れると、その恐れから、自分に引き戻そうとします。本当に困った人たちですが、一方で、哀れみを誘う人たちだともいえるでしょう。

たとえば、こんなことはありませんか。

会社に出かけようと玄関先で靴を履きかけたとき、優位に立ちたい人が、

「あれは、どうなっていたんだっけ？」

「今日は何時に帰るんだ？」

「夕食、どうせ家で食べるんでしょ、何食べたい？」

などと尋ねてきて、たびたびイライラさせられるような経験です。

親しい友達と会う日など、あなたがウキウキとした気分で出かけようとすると、いっそうそれが顕著になります。友達の欠点をあげつらったり、悪口を言ったりして、あなたを不快にさせるでしょう。

それは、あなたが自分を抜きにして嬉しそうにしていると、置き去りにされたような気分になって、急に孤独感に襲われるからです。自分を抜きにしてあなたが楽しむことが許せないのです。

そんなとき、あなたが感情的に反応すれば、優位に立ちたい人の「あなたの関心を引く」という意図は成功したといえるでしょう。

あなたが不快な気分で出かけて、楽しさが半減すれば、「楽しませたくない」という意図も成功しています。

◆「宣言」が効果的

こんな調子で優位に立ちたい人は、他者を自分の支配下に置こうと画策します。だから、自立の気配があなたから漂うと、すぐに察知して、あなたを自分のほうに引き戻そうとするのです。

そんな策略にはまらないためには、相手の気持ちを斟酌するよりも、

「出かけるときに言われても答える余裕がないんだ。悪いけど、帰ってからにするね」

などと、きっぱりと断ることが大事なのです。

それでもこんなパターンが繰り返されるようであれば、そのパターンを根本から断ち切る必要があるでしょう。それには、「これからは、もう、出かける間際にいろいろ言われても、答えない」ということを、はっきりと宣言することです。

もちろん、これは、相手に引き留められたときに、その場で言うわけではあり

ません。その場で言うと、まんまと相手の無意識の策略に嵌まってしまって、元の木阿弥です。あなたが感情的になって反応すれば「依存できる関係性を継続できる」ので、無意識のところで、相手を喜ばせるだけという結果になるでしょう。

宣言するタイミングがあります。

それは、**別の時間に「改めて言う」**ということです。

自分と相手の両者が余裕をもって向き合える時間があると思えるときに、まず、

「話したいことがあるんだ」

という言葉掛けから始めます。

これは、「私は、真剣に話をしたい」という気持ちを伝える合図でもあります。

それから「この前のことだけど」といった言い方で、話したいことを切り出し、

「会社に出かけようとするときに、あんな話をされても、答える余裕がなくて、困ってしまうんだ。朝一番から不快な気分になりたくないから、これからは、私が返事をしなくても、気を悪くしないでね」

というふうに本題に入るのです。

もちろん、そう宣言したら、相手の言葉に反応せずに、宣言通りに「実行する」ことです。

これが非常に重要です。

優位に立ちたい人は、あなたがそうやって強く宣言したとしても、一縷《いちる》の望みを抱いて、また同じ方法で仕掛けてくるでしょう。

このとき、あなたが以前と同じように感情的に反応すれば、宣言を撤回したことになってしまいます。相手の言葉に応じることで、また、同じパターンに引き戻されてしまうでしょう。

ですから、一度宣言したら、相手の言葉に乗らずに、

「じゃあ、行ってきます」

とだけ答えて、出かけることが重要なのです。

これができたときの、相手に煩わされない解放された〝感覚〟を、ぜひ知ってほしいものです。

お互いが余裕を持って向き合える時間を選び、
自分の気持ちを宣言する。
「私は、真剣に話をしたい」という気持ちを伝える合図になる

20 批判から自分を守るレッスン

「その場から立ち去る」のも一つの手

あなたが今、「優位に立ちたい人」から多大な迷惑を被っているのだとしたら、それは「私と相手」との「関係性」から起こっている——。

本書では、このことを繰り返し述べてきました。

自分が相手に傷つけられている、攻撃されている、意地悪をされているという面にとらわれて相手のことを見ると、自分自身も相手に対して激しい感情を抱くことになります。

そんな感情を抱いて、優位に立ちたい人に対して、心の中で批判したり、責めたり、感情的になったりしたとしても、自分の心が傷つくだけです。

それだけではありません。傷ついた上に、「他者中心」の考えにとらわれて、自分の心に適った解決方法を見いだせず、いっそう失望したり自信をなくすことになってしまうでしょう。

自分中心にならない限り、自分の守り方はわかりません。自分の心を基準にして初めて、自分の守り方がわかるのです。

たとえば、

・優位に立ちたい人と争いになれば、自分を傷つけることになる
・だから、争いは避けたい
・でも、自分を守りたい

このすべての願いを叶えることを考えれば、自分ができるのは**「争わない」**という一言に尽きるでしょう。そして、そのために**「その場を離れる」**というのも解決方法の一つだと言えるでしょう。

たとえばあなたがミスをしたからといって、高圧的な上司の言葉や態度におびえながら、その場に踏みとどまって罵声を浴びなければならないという理由など、まったくありません。ミスはミスとして認め、その原因を知り、方法を改善していく責任はありますが、それと同時に、人間として尊重されるべき人権があります。

これを認識していれば、

「自分が悪かったのだから、上司に怒鳴られても仕方がない」

などという発想をすることはないでしょう。

職場で怒鳴られて怖いと感じたとき、その場で立ちすくむのではなく、おびえるような表情をしてその場を立ち去ったとして、何が悪いのでしょうか。

世の中には、怒鳴らないで問題を解決する方法があります。むしろ、怒鳴らないほうが、具体的な解決方法が見つかりやすいでしょう。

怒鳴るのは、その人自身が「私には解決能力がない」とカミングアウトしているようなものです。

そんな相手に、長々とつき合う必要があるのでしょうか。

ましてや、怒鳴らないように相手に訴えることができるのでしょうか。

あるいは、相手にそれを期待したとして、それをやめてくれるのでしょうか。

どれだけ怒鳴るのをやめるように訴えても、優位に立ちたい人が、それを聞き入れてくれるとは思えません。要するに、相手に変わってもらうことを期待する他者中心的な対処方法で解決しようとしても、無理なのです。

◆「自分中心」に考えて「恐怖のレベル」を下げる

もちろん、職場で真面目に働く人ほど、

「仕事なのに、いきなり立ち去るなんてことはできません」

と異を唱えたくなるでしょう。

当然だと思います。

ただ、起こったミスを「自分が悪いから」ととらえると、たとえ怖くても、その場で耐えなければと考えてしまいます。そして、そうやって踏ん張ることで、いっそう怖くなり、蛇に睨《にら》まれた蛙のように〝フリーズ〟してしまうでしょう。

これでは相手の思う壺にはまってしまいます。

他方、「怒鳴られるのは不当だ」ということをしっかりと認識していれば、それだけで、相手への伝わり方が微妙に変化します。何より、自分自身が感じる「恐怖のレベル」が下がります。自分にとっては、これだけでも救いとなるはずです。

黙っていても、自分の意識や感情は、態度や表情に表れます。私たちの無意識はお互いに、そんな相手の意識や感情に反応し合っています。同じ場面であっても、自分のわずかな心の在り方だけで、相手を変えることができるのです。

いきなりその場を立ち去ることはできなくても、自分のミスの責任と、怒鳴られることとは別の話だと自覚できていれば、相手の感情に過剰に反応しないでいられるでしょう。

「自分中心」の考えになればなおのこと、「他人に叱責されること」ではなく、「自分のミスの責任」のほうに焦点が当たるため、

「わかりました。申し訳ありませんでした。これを調べるときは、ダブルチェックできるように、別の人にも担当してもらいます」

などと、改善法を具体的に提示して答えることができるでしょう。

こんなふうに、普段から相手よりも自分のほうに焦点が当たっていれば、万が一、本当に不当な扱いをされたときには、自分のほうから早めに行動したり、その不当性を堂々と主張できる自分になっているかもしれません。

ミスをしたからと、上司の理不尽な叱責を受け続ける必要はない。丁重にお詫びを言って、その場を離れていい

21

「自分の心」に気づくレッスン

◆ 相手の態度ばかりに注目し、被害者意識を募らせる

前章まで述べているように、あなたの視点から見ると、二人の関係は「相手が優位に立っている」ように見えます。

けれども相手の視点から見ると、「あなたが優位に立っている」ように見えることも多くあるのです。どちらの側からも「相手のほうが優位に立っている」ように感じていることが少なくありません。

客観的には、明らかに、相手自身が理不尽なことをしていたとしても、意外な

ことに相手にはそれが見えないのです。

たとえば、夫がいつも、妻の頼んだことをやってくれないとしましょう。

こんな状況がたびたび起こるとしたら、「優位に立っている」のはどちらになるでしょうか。

妻の立場からすると、なかなかやってくれない夫にイライラして、腹が立ったり、責めたりしたくなります。こうして妻が「夫に振り回されている」と感じているとき、彼女の目には、「夫のほうが優位に立っている」というふうに映っているでしょう。

では、夫の立場から見ると、どうでしょうか。

普段から夫は、自分をいたわってくれない妻に不満を抱いています。一方的に家事を押しつけてきて、少しでも妻の気に入るように動かないと、イライラしたり腹を立てたり責めたりします。

妻の言う通りにしたとしても、

「今日は、珍しく、早くできたじゃないの」

などとイヤミを言われたりして、お礼を言ってくれることもありません。

こんな夫の目には、「妻が優位に立っている」と映っているでしょう。

◆相手をコントロールしようと、水面下で勢力争い

ではもう一歩踏み込んで、無意識の世界から見てみると、どうでしょうか。

妻は、「夫に小言を言いながら、自分の言う通りに従わせたい」というのが無意識の目的となっています。

妻は、小言を言うことが、自分を優位に立たせる〝有効な武器〟となっているのです。

つまり、**妻が「小言を言う」ことで優位に立つには、夫は、「小言を言われるような夫」でなければなりません。**

この点においては、妻は目標達成しています。また、結果としても、自分の言った通りに従わせていて、目標達成しています。

では、夫はどうでしょうか。

夫は、妻の言う通りに「従いたくない」と思っています。けれども、それを率直に言葉で妻に言うことができません。

もともと夫は「相手に従いたくない」という気持ちの通り、相手のことを気にしてばかりいて、自分のために断るということができません。

また、それ以前に、自分の気持ちや欲求が自覚できないでいるかもしれません。

仮に、それがわかったとしても、自分の欲求を満たすことに罪悪感を覚える夫は、「やりたくないから、しない」と決めることもできません。

だから、**わかってもらおうとして〝ぐずぐずする〟というのが、夫のできる精一杯の意思表示**というわけです。もちろんそれが無駄なことだとはわかっていませんし、また、適切な方法も知りません。

ところが無意識のところでは、そうやって夫は〝ぐずぐずする〟という方法で、妻をイライラさせて「仕返しをしている」という解釈もできます。

夫の「仕返ししたい」という目標は、しっかりと達成できているのです。

◆自分の心に気づき、自分の心に適った選択をする

こんなふうに、それぞれの言動をつぶさに検証していくと、どちらも「優位に立とう」として争っています。

また、どちらも、シーソーゲームのように、あるときは「優位に立っている瞬間」があります。

実際には、お互いが気づかずに「優位に立ちたい」という自分の願いを叶えているのです。

にもかかわらず、夫も妻も「被害者意識」に陥っていて、それに気づきません。

もしも、妻がそのときに、

「あ、私はここで夫に小言を言ってやり込めている。夫は何も反論できずに卑屈な態度をとっている。今、私は優位に立っているんだ」

と自覚できれば、多少なりとも気が晴れるかもしれません。

夫がそのとき、

「ダラダラして動こうとしない自分に、妻はイライラしていて口惜しそうだぞ。今、俺は優位に立っているぞ」

と自覚できれば、「してやったり」と少しは溜飲を下げることができるかもしれません。

しかし二人がそれぞれに、「自分が優位に立った瞬間がある」としても、これも同じように、ともに被害者意識に陥っているために、優位に立って「心が秋晴れのようにすっきりする」とはなりません。

相手を見ると、自分の目には、「相手が優位に立っている」ように映ります。日常的な生活の中では、実は、どちらも似たようなことをしています。

これが「関係性」なのです。

しかしながら、どんなに優位に立ったとしても、心から満足することはありません。

だから、「他人中心」になって相手と優位を競うより、「自分中心」になって自分の心に気づき、自分の心に適った選択をしたほうがいいのです。

22

最初から「戦わない」レッスン

◆「優位に立ちたい人」の弱みを逆手にとる

「優位に立ちたい人」からの攻撃に身体を張って、「力に力」で応戦しようとする人たちが少なくありません。これまでのあなたも、そうだったのかもしれません。けれども、これをやり始めたら延々と、俗に「マウンティング」と呼ばれる、力の見せつけ合いを繰り返すことになるでしょう。

それで彼らを退散させることができればいいのですが、いかんせん彼らは、幼少の頃から叩かれ、鍛えられているのです。

心にたくさんの傷を負っているものの、身をもって攻撃する方法も学んでいます。そう易々と、あなたの反撃に屈することはないでしょう。

彼らは、もともと非常に傷ついていて、癒やしがたい心を抱えています。生まれたときから戦いにさらされ、その戦いをくぐり抜けて、今の優位な立場を死守しようとしているのです。彼らと同じ土俵に立って、あなたも感情的になって争えば、彼らは手負いの熊のような〝追い詰められ感〟で、いっそう必死になってあなたに牙を剝《む》いてくることでしょう。

こんな百戦錬磨の相手に、戦いを挑んでも勝ち目はありません。

そんな相手とは、最初から「戦わない」というのが、「自分中心」の方法です。

これまでにも述べたように、優位に立ちたい人は、具体的な対処能力や責任能力の低さが「最大の弱点」です。

先ほども取り上げた例ですが、職場で、優位に立ちたい人が、あなたに仕事を押しつけてきたとしましょう。

これまでは、あなたは渋々引き受けていました。

けれども、このときあなたが堂々とした態度で、

「今、私は、この仕事で手がいっぱいなので、他の人にお願いします」

そのように堂々と答えたら、相手は引き下がらざるを得ないでしょう。

自分の気持ちを堂々と、率直に伝えてみる

こんなときの対応について、私が主宰するセミナーで、

「自分の手が空いていたら、どうするんですか？」

と質問されたことがありますが、それでも同じです。

もしあなたが、

「ごめんなさい。今やっと、自分の仕事を終えて、一休みしているところです。元気を回復させたいので、もう少し、休憩していたいんです」

などと答えたらどうでしょうか。

頭で想像すると、こんな言い方をしたら、相手がいっそう逆上するのではないかと思うでしょう。これは「大きな勘違い」です。

あなたが自分の欲求や気持ちを優先させて、こんなふうに堂々と、かつ率直に答えることができれば、相手に鮮明なインパクトを与えます。

そして、あなたのそんな明確な態度は、相手に「これ以上、踏み込めない」という気持ちを引き起こさせます。

これが、「関係性」なのです。

この、**「自分中心になって、明確な態度で伝える」という態度と行動は、優位に立ちたい人にとって、最も苦手とするところです。**

優位に立ちたい人は、相手と「戦って勝とうとする方法」には長けています。

そのため、優位に立ちたい人は、飽くまでも、相手と戦います。

勝って相手を従わせるか、互いにいがみ合うか、自分が負けるかです。

つまり、「相手と戦う」方法は知っていても、「戦わない」方法は知らないということです。ところが相手は、「戦わないで、自分を優先する言い方」をしてきます。優位に立ちたい人は、そんな相手に対する対処能力も、もちろんそのスキルも持ち合わせていません。

意識そのものが、絶えず戦って勝つことに焦点が当たっているために、相手に責任を押しつける修練は積んでいても、「自分自身が自主的に責任を取る」という自覚に乏しく、また、その経験も皆無に等しいでしょう。

そのために、相手が「争わないで具体的に主張してくる」と、咄嗟に、どうしていいかわからないほど混乱して、頭が真っ白になってしまうのです。

つまり、前記したように、彼らの対処能力や責任能力の低さという、「最大の弱点」に触れるのです。

しかも、彼らが得意とする「争い」にも、持っていくことができません。

ですから、優位に立ちたい人に対する、共通の対応方法は、

・まず、相手よりも、自分の欲求や気持ちや感情を基準にする

・そして、自分の心の思いに沿って、「自分の意思をはっきり明確に伝える」

ということに尽きます。

これが、優位に立ちたい人と「争わないで、自分の心を大事にできる」最大の方法だともいえるのです。

第5章

「優位に立ちたい人」とは、争わずに〝距離〟を置く

23

「優位に立ちたい人」と、正面から争う必要はない！

あなたが感じるものは「本物」

本書で述べてきたように、「優位に立ちたい」と思いながら勝ち負けや優劣を争っている人たちは、自分が優位に立った瞬間さえ気づいていません。

また、自分の目に、相手が「優位に立っている」ように映っても、「関係性」という視点から見ると、大なり小なり同じことをしています。

つまり、「相手も自分も」同じことをしています。

それは、「感じる」という点においても同じです。

私たちは相手が感じている感覚を、キャッチする能力があります。

それぞれ個人としても特質があるので「まったく同じ」というわけではありませんが、相手が感じている通りの感じ方を、自分自身も感じています。

お互いに「送信」と「受信」の関係です。

ですから、もしあなたが、「優位に立ちたい人」と接しているときに、あなたが前記したような感情や気分に襲われるとしたら、こう解釈してください。

それはあなた由来のものではなく、あなたが「相手の意識」をキャッチして、相手の意識を「感情や気分」という形で感じているためなのです。


自分の感じ方を疑うことはありません。

相手は、あなたの感じた通りの相手なのです。

自分が感じる感覚や感情や気分を疑うことはありません。

自分が感じるものは、すべて、自分にとっては「本物」だといえます。

たとえば、相手は「あなたを脅してはいない」と主張したとしても、あなたが相手と接しているとき「脅されている」ような恐怖を覚えるとしたら、あなたにとって「その恐怖は本物」だといえるでしょう。

仮に、あなたが感じたことが本当でないとしても、それは、あなた自身にとっては「真実」なのです。

◆ネガティブな感情を受け取ったら、その場を立ち去っていい

仮にあなたが、優位に立ちたい人に対して、前記したようなネガティブな感情や気分が起こったとしましょう。

そんなときは、**「相手のほうが、自分に対してそんな意識を発している」**という解釈の仕方をしてみてください。

そして、そんな自分の感じ方を信じるならば、あなたを傷つけようとしてくる相手を、何とかしようとするのではなく、

- **自分自身が、傷つけられながらそこにい続けることが問題なのだ**
- **自分自身が、傷つけてくる相手に対して、対処能力やそのスキルを知らないこ**

とが問題なのだ

というふうに解釈してほしいのです。

そうして自分自身に立ち戻って考えると、自分が抱いた気分や感じ方を、「自分を守るためのアイテム」として使うことができるようになってきます。

この方法によって、相手と争うことを可能な限り減らしながら、自分を守ることができるのです。

すると、争わなくても、自分の思いをかなえることができます。

自分の周辺から、とにかく優位に立ちたい人たちが去ったり、次第に寄ってこなくなったりします。

そのための具体的な方法が**「自分の感じ方」で相手と自分の〝距離〟を置く、**という方法です。

次項より、第２章でご紹介した４つの脳タイプの事例をもとに、「感じ方」で優位に立ちたい人から距離を置く方法をご紹介していきたいと思います。

24

敵対心、自尊心の強い「脳幹タイプ」から距離を置く方法

◆プライドが高いワンマン社長

本項から、タイプ別に「『優位に立ちたい人』からの距離の置き方」について考えていきたいと思います。

紹介する事例の中で、優位に立ちたい人に対峙する主人公を「私」と表現しました。読者の皆さんも「私」になりきって、「自分中心」の生き方を強く意識しながら読んでもらえたらと思います。

この「脳幹タイプ」は感情的になりやすいことが特徴で、しばしば大声を張り上げたり、怒鳴ったり、また脅したりもします。

しかも、**ほんの数分前までは上機嫌だったかと思うと、いきなり激高する**といったまったく予測できない言動に、周囲は「いつ、自分が攻撃の対象になるのだろう」と、戦々恐々とした思いで過ごすことになるでしょう。

脳幹タイプのA社長は、そんな面を持ちながら、その半面、豪快で面倒見がいいとも言われています。

「私」はそんなA社長にとって信頼されている部下の一人です。

あるとき、懇意にしている取引先のBさんが、

「A社長に頼まれた先週の件は、引き受けられないと伝えておいてほしい」

と、「私」に電話してきました。その件については初耳です。

このとき「私」は、なぜか〝違和感〟を覚えました。けれどもその違和感は、文字になるかならないかの感情であり、ほんの一瞬で消えてしまいました。

「私」は、Bさんに言われたままを、A社長に伝えました。

すると彼は、すぐにBさんに連絡して、開口一番、

「どうして、俺に言わないんだッ！」

と怒鳴りました。

支配欲求の強い彼は、自分が、物事を隅から隅まで掌握していないと気が済みません。電話を切ると、その勢いのまま「私」にも、

「どうして、直接、俺に言うように伝えなかったんだッ！」

と怒鳴りました。


A社長は気まぐれです。

「お前が処理すればいいことだろう」

「どうしてお前から、Cの件を指示されなくちゃいけないんだ。社長は俺だ！」

などと怒鳴られたかと思うと、自分が忘れていても、

「そんなときは、もう一度確認すべきだろう」

と責任転嫁したりもします。

最近「私」は、Ａ社長が、あるパターンを繰り返していることに気づきました。

今回のように、自分で騒いで、小さな問題を大きくしてこじらせる。そして最後に、自分が登場して収めるというパターンです。

今回も、Ｂさんと「私」に怒鳴った後で、Ａ社長は、

「まあ、今回の件は仕方ない。こんなふうに揉めていても、解決しないからな」

と言って矛を収めたのでした。

自分で火を点けて騒ぎを大きくして、自分で火を消して注目を浴びる。これを「マッチポンプ」といいます。

炎上した舞台に上がって、派手なパフォー

自分で火をつけ、自分で消火。「自作自演」で優位を示す

マンスで自分をアピールする。野心家の脳幹タイプは、こうした自作自演の行為を繰り返すことによって、優位性を示そうとするのです。

◆自分を責めない、自分で受け止めない

これまで「私」は、A社長に怒鳴られるたびに、「自分が悪い」と責めてきました。けれども、どうも、そうではなさそうです。A社長は「私」に、

「どうして、直接、俺に言うように伝えなかったんだッ！」

と怒鳴りました。

もちろん、A社長は自分が優位に立つために怒鳴ったのですが、今回は、いつもと違って、この言葉が妙に腑に落ちました。

ネガティブな感情を覚えるときは、「私が、私を大事にしていないとき」です。

「確かにそうだ。Bさんの電話の後にあった、あの違和感が、そうだった！」

受話器を置いた瞬間に、「私」は確かに〝嫌な予感〟のような違和感を覚えたのです。

もしもあのとき、「私」が自分の感じた感情をもっと丁寧に拾っていれば、

「その件は、直接社長にお伝えください」

と返答していたでしょう。そうすれば、今回のようにA社長が激高する結果には至らなかったはずです。

「あの件は、A社長とBさんの問題だ。私には関係のないことだ。Bさんには気の毒だけれども、Bさんが直接A社長に伝えるべきだ。**私が怒鳴られてまで、Bさんの肩代わりをする必要はないんだ**」

今、「私」は初めて、こうしてA社長との距離の取り方を確認したのです。

「感情」を自分のための情報として捉えれば、「自分を守る」ことができます。

そのとき「私」はA社長の言葉を受けて、いつものように、

「今度から、そうします」

と型通りの答え方をしたのですが、同時に「私」は、揺るぎない気持ちで、

「今度から、そうする」

と、自分を守る決断もしたのです。

25

お礼を強要して相手を支配する「感情脳タイプ」から距離を置く方法

◆「おせっかい」で支配する同僚

「感情脳タイプ」は、相手の良心や罪悪感にグイッと入り込んで、都合よく支配しようとします。しかも、それが深刻な問題へと発展しやすいのは、「恩」や「情」をからめて相手にアプローチしてくるからです。

とりわけ、感情脳タイプは、人間の根源に関わる〝心〟の奥深くにまで侵入しようとするため、一歩対応を誤ると、憎悪や怨恨といった、おどろおどろしい関係を延々と引きずってしまうことにもなりかねないから要注意です。

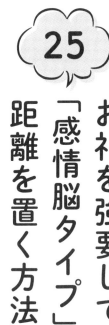

そんな感情脳タイプである同僚のAさんは、

「これ、あなたの代わりに、先輩に注文しておいてあげたわよ」

などと、「私」が頼んだわけでもいないのに、しばしばおせっかいを焼きます。

感情脳タイプは「〜してあげたからね」という言い方をすることが多く、「私」は〝お礼〟を強要されている感じがします。

「私」たちはペアを組んで行動することが少なくありません。これは、作業の安全を確認するために決められた規則です。

けれども、彼女はときどきこの規則を破ります。自分の時間が空いているときに、さっさと一人で済ませてしまうのです。

昨日もこういうことがありました。その後で、

「今日の点検、やっておいたから、あなたはしなくていいわよ」

と恩を着せようとするので、「私」はさすがに腹が立ちました。

こんな出来事があったとき、「私」の感情を基準にすれば、「腹が立った」とい

うところがポイントです。

前項で、「自分がネガティブな感情になった」ときには、「自分を大事にしていない」ことが起こっていると述べました。「自分中心」では、自分の感情や感じ方を基準にします。「良い悪い」「正しい正しくない」にとらわれて争うよりも、自分がネガティブな感情になったら、「ネガティブにならないで済む考え方や対処方法があるはずだ」というとらえ方をするのです。

このケースでは、どうして腹が立ったのか。それは、Aさんが、「私」の役割を一方的に侵害したからです。問題の核は、ここにあります。

自分のためという点では、これを我慢し続けるのは、自分を傷つけることになります。しかも、このとき「他者中心」の発想だと、

「それって、おかしいわよ。危険なことが起こらないように、二人で点検するという規則があるんだから、二人でやるべきじゃないの」

というような言い方になるでしょう。

この主張は正しいのですが、言い方は、Aさんを責めています。

Aさんは、その「責めている語調の響き」を受け取って、ネガティブな感情が起こるでしょう。

Aさんは、「私」の正論に言い負かされてそれに従うかもしれませんが、心情的には、自分の親切を否定され、やり込められたと感じるでしょう。

攻撃的な言い方では、マウンティングの応酬に

あるいは、「私」の意識が、Aさんの恩着せがましさのほうに焦点が当たれば、

「どうして私が、あなたなんかにお礼を言わなくちゃならないのよ」

というふうに、攻撃的な言い方をしてしまうでしょう。

それを言葉にすれば険悪な関係になるかもしれませんし、かといって我慢すれば「私」の怒りが溜まるでしょう。

しかも、この言い方の最も不適切な点は、「二人でやるという規則」という根本的な問題から逸れているということです。

これで言い争いになっていけば、どちらかが優位に立とうと争い、マウンティングのやり合いになることはあっても、問題解決からは、どんどん遠くなっていくでしょう。まさに、他者中心のトラブルの典型的な例といえるものです。

◆「私」を主語にして伝えれば、支配を拒絶できる

ではこんなとき、**「争わずに、自分を守る」**という視点に立つならば、どういう対処法が望ましいでしょうか。

こんな言い方なら、Aさんと争うことはないのではないでしょうか。

「私、規則通りにやっていないと、それが気になって頭から離れないんですね。だから、規則を守りたいんです」

「私は何か起こって責任を問われたら申し開きができないので、規則通りにやりたいのです。お願いします」

こんなふうに**「私が気になるから。私が負担に感じるから。私が怖いから。私が困ることになるから。私がつらいから。私に責任がかかってくるから」**という

視点で考えてみてください。

そうやって「私」を主語にして堂々と意思を伝えることで、感情脳タイプが「あなたのためにに」とすり寄り、恩を着せ、おせっかいを焼いて支配してくるのを回避できるでしょう。

感情脳タイプと争わずに自分を守るためには、「自分中心」で「私の視点」で考え、「自分の目的」から外れないことが、特に重要なのです。

おせっかいで支配する相手は「私」でブロック！

26 相手を否定して、責任回避しながら優位に立つ「左脳タイプ」から距離を置く方法

◆買い物についてきては「ダメ出し」をする夫

「左脳タイプ」は、他のタイプと比べて、最も強い「他者中心」の視点でこの世界を生きています。

その理由は、自分の判断や行動を、自分の内面の「欲求、気持ち」で決めるのではなく、自分の外側の「情報、知識、思考」で決めようとするからです。

そのため、決められた仕事は正確に、責任を持ってやり遂げるので、安心して任せられる半面、それ以外の責任が自分に及ぶことを、非常に恐れています。左

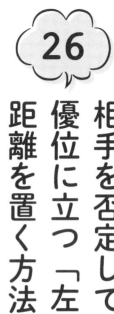

脳タイプが責任転嫁をしがちなのは、こうした理由です。

とりわけ左脳タイプは、他者のせいにして責任を回避しながら、優位に立とうとします。その武器となっているのが「言葉」です。

人に口出しをするだけだったら、自分に責任が及ばないので安全です。

自分のことでも、人にやらせれば、責任から逃れやすくなります。

そうやって、相手をことごとく否定して自信をなくさせたり、相手の弱点を徹底的に突いていくことで、自分に責任が及ぶことなく優位に立てるのです。

こんな例があります。

左脳タイプの夫は、「私」のすることを、ことごとく否定したり反対したりするのが当たり前になってしまっています。

性格が違うと、こんなに対立するものかと驚いてしまうほど、「私」の好むものと夫の好むものとは正反対です。そして、それが「私」に干渉してくる最適の口実ともなっています。

仮にそれが「私」自身のことであっても、夫は、自分の意に沿わないと「わがまだ、身勝手だ」と言って責めてきます。

ある日、「私」がショッピングに出かけようとすると、夫が、

「俺が、ついていってやるよ」

と言いました。

左脳タイプの夫は常に、連れていってやる、ついていってやるという、恩を着せる言い方をします。

本当は、自分が一緒に行きたいだけなのですが、優劣を基準にして生きている夫は、素直に「行きたい」と言うことがありません。

その一言だけで、不快な気分が「私」の行く手を遮りました。

それは、これから行く店で、夫が、

「そんなもの、似合わないよ。色が派手だ。どうしてそんな高いものを選ぶのかなあ。オールシーズン使えないから、もったいないよ。同じもの、持っているじゃないか。生地が薄くて、すぐダメになりそうだな」

などと、「私」の選ぶものにことごとく口出しして、否定を繰り返している光

景が脳裏に浮かんだからでした。

車で出かけると、車中で言い争いになることも少なくありません。スタートからこんな争いになってしまえば、帰るまで、不快な気分で夫と過ごすことになります。

実際に、先ほどの夫の申し出に対して「私」が返事にためらっていると、その刹那、夫の表情に黒い影がよぎるのをキャッチしました。

このまま一緒に出かけると、恐らく争いになる。そう直感した「私」は、「今、不快に感じた自分の感情に寄り添おう」と決めました。そして、

「ありがとう。でも、今日は一人で、自分の好きなものを、ゆっくりと、楽しみながら選ぶ時間を持ちたいんだ」

と、争いになる隙も与えないほどの〝きっぱり感〟と素早さで言い置くと、意外なほどの呆気なさで、一人で買い物に出かけることに成功したのでした。

◆ 提案、宣言、条件、決断…。争わない方法はいろいろある

「自分中心」になると、自分の気持ちを満たすことへの罪悪感が減ってきます。

そしてまた、自分のその方法や言い方も、次第に上達していきます。

しかもそれは、**できるだけ「争わない」**という方法です。

たとえば、一緒に出かけたとしても、夫に邪魔されたくなければ、

「1時間、別行動にしない？ 今日はとことん、新作の服を見たいんだ」

と〝提案〟することができます。

二人で買い物に出かけると、いつも争うことになっているのなら、最初から、

「争いたくないから、買い物は、これから一人で出かけることにする」

と、全面的に〝宣言〟することもできます。

あるいは、最初に〝条件〟をつけて、

「私の買い物について、黙っていると約束してくれるんだったら、いいよ」

と言うこともできます。

一緒に出かけて、車の中で争いそうになったら、

「争いながら一緒にいるのは、つらいんだ。だから、駅の近くで降ろして」

という〝決断〟をしてもいいのです。

否定やダメ出しをしてくる相手にはキッチリ意思表示！

27

要求が多いわりに、話を聞こうとしない「右脳タイプ」から距離を置く方法

◆ 他人を厳しくチェックする〝お姫様〟上司

「右脳タイプ」は、生育過程であまりに心を傷つけられて、自分の心を手当てできないまま大人になってしまったために、**被害者意識を持つことが、すでに空気を吸うかのように当たり前**になってしまっています。それはまるで、「私は監禁されていて、ここから一歩も動けないから、あなたたちが私のニーズに答えるべきだ」

といった複雑な意識です。

そんな右脳タイプの女性上司Aさんは、

「私がこんなに親切に言ってあげているんだから、あなたがそれに報いるのは当然でしょう」

「私がわざわざアドバイスしてあげたのだから、すぐに何らかの形でお礼をするのが、当然のことでしょう」

というふうに、**その人独自の常識やルールを、言葉ではなく、態度や雰囲気で要求してきます。**

それが「私」には、

「私が歩くのだから、あなたは、私が進む道の前の雑草を払って、私が歩きやすいように整地するのが当然でしょう」

と厳命されているように聞こえてなりません。

上司Aさんが、「私」に直接それを要求するわけではありません。

けれども、Aさんが第三者のことを話題にするとき、彼女が周囲の人たちをどう思っているかを窺い知ることができます。

「あの人は、こんなこと言っていたのよ。ほんとうに非常識で呆れてしまうわ」

「この前、あの人は、私の指示通り動こうとしなかったので、あの仕事から外してやったのよ」

「あんなことで不服そうな顔をされたんじゃ、今度の仕事には使えないわよね」

他人をあたかも自分の家来のように考えて、こんなふうに言う彼女を前にすると、「私」たちを監視カメラで監視していて、その録画を、**一つ一つ細かくチェックしてジャッジされているような恐怖**を覚えてしまいます。


さらに、この右脳タイプは被害者意識の塊であるため、「自分が相手を傷つけている」という意識が欠落しています。

「私に向かってあんな言い方をするなんて、絶対許せない」

「あの程度の人が私にこんな要求をするのは、はなはだしく不遜だ」

などと、あたかも周囲の人間が寄ってたかって、高貴な自分を魔女裁判にかけて裁こうとしているかのような受け止め方をして、どんなに人を傷つけても、自分の非を認めようとしません。

そんな意識は、コミュニケーションにも表れています。

人と同じ場所でコミュニケーションを取ることを恐れていて、遠く離れた、絶対的に安全な位置にいないとやりとりができません。

本当は、それほどまでに他者を恐れているのですが、そんな他者不信のため、話をしようにも、話しの接点すら見い出せません。

高台のお屋敷に住んで、望遠鏡越しで話をしているかのように、心理的な距離が遠すぎて、「私」の声は虚しく空に消えていきます。

仮に、この右脳タイプが聞く姿勢を見せたとしても、自分本位の解釈をされて、**「まったく話が通じなくて、これ以上話をしても無駄だ」**と、絶望的な気持ちになってしまうでしょう。

◆要求を感じたら「予防線」を張る

このタイプは、他者に対して常に、

「～すべきじゃないの」

「～すべきではないでしょう」

「～するのが当然じゃないの」

といった「～すべき」を強く要求します。


こんなやり方で優位に立とうとする相手に、どう対応すればいいでしょうか。

「私」が傷つかないためには、相手が要求してきそうなことに対して、予防線を張ることです。

たとえば、仕事で用事を振られたなら、

「**全部は難しいので、**この箇所でよかったら、やらせてください」

「**あと、1時間したら手が空きますが、**いかがでしょうか」

などと、具体的な分量や時間を自分のほうから限定しましょう。


ほかのことでも、このタイプが「私」に要求してくるであろうことを予測し、

「**お返しはできそうにないのですが、**よろしいでしょうか」

「自分の条件」を伝え、相手の要求から身を守る

と一言添えます。あるいは、

「すぐにお返事できませんが、それでよろしければ、メールしていただいても構いません」

「気が利かないし、お返しの作法も心得ておりませんので、お心遣いは不要です」

などと、「私」が苦痛に感じることを、「自分の条件」として提示するのです。

実際に「私」が実行して、意外に思ったのは、**こんなふうにはっきりと明示したほうが、上司Aさんも、むしろ警戒心を解くように感じた**ことでした。

ただ、「私」は近いうちに、この会社を辞めるつもりでいます。なぜなら、こんな環境で仕事をしていると、「私」が自分自身を傷つけてしまうからです。

ほかのことで特別不満があるわけではないのですが、精神的苦痛を味わいながら続けていたら、自分がかわいそうだと思ったからです。

また、こんなふうに、自分の心を基準にして辞める決断ができる自分を、「私」は誇らしく思います。

28 もう、振り回されない！「自分の基準で生きる」と決断しよう

「自分の行動に責任を取る」と決めれば、堂々と相手に接することができる

本章では、４つの脳タイプに分けて、実例を中心に「『優位に立ちたい人』からの距離の置き方」をご紹介してきました。

優位に立ちたい人への対応の基本は、「自分の感情」を基準にして、「相手との距離」を置くということです。

その距離の置き方とは、もちろん、自分を大事にするため、守るために、「自分自身が傷つかないでいられる」距離のことです。

その際、相手のことをおもんぱかる必要はありません。相手のことを考えてしまうと、自分の心を拾えないので、かえって傷つけ合うことになるでしょう。

また、すでにご紹介した通りですが、優位に立ちたい人に共通するのは、「他者中心」になって他者と勝ち負けや優劣を競うあまり、自分のことがおろそかになって「具体的な責任の取り方」を身につけていないということです。

他者を恐れるため、優位に立とうとすることを目指しているにもかかわらず、そうであるが故に彼らは、いつまで経っても、優位に立とうとする世界から抜け出すことができません。

言い換えれば、**そんな相手から自分を守るためには、常に自分の責任の範囲を見極めながら、それを自覚して生活すればいい**ということです。

一朝一夕には身につかないでしょうが、これからの時代は、規則や社会常識といった「自分の外側」に判断の基準を求めると、絶えず不安定な気持ちにさらされて迷うだけでなく、いっそう熾烈な争いの中に巻き込まれていくでしょう。

そんな迷いや争いを退け、安全な場所、傷つかない場所にいるためには、「自

分の基準で生きる」と、しっかりと決断することです。

そうすれば、他者を気にするよりも、自分を傷つけないために「自分の心を優先する」勇気を持って、その第一歩を踏み出すことができるでしょう。

その勇気が、優位に立ちたい人を前にして、傷つかないでいられる自分、争わずにいられる自分、自分の心を裏切らないでいられる自分、を育ててくれるのです。

<著者略歴>
石原加受子 ◎いしはら　かずこ

心理カウンセラー。

「自分中心心理学」を提唱する心理相談研究所オールイズワン代表。日本カウンセリング学会会員、日本学校メンタルヘルス学会会員、日本ヒーリングリラクセーション協会元理事、厚生労働省認定「健康・生きがいづくり」アドバイザー。

思考・感情・五感・イメージ・呼吸・声などをトータルにとらえた独自の心理学をもとに、性格改善、親子関係、対人関係、健康に関するセミナー、グループ・ワーク、カウンセリング、講演等を行い、心が楽になる方法、自分の才能を活かす生き方を提案している。

『母と娘の「しんどい関係」を見直す本』（学研プラス）、『仕事･人間関係「もう限界!」と思ったとき読む本』（KADOKAWA）、『わずらわしい人間関係に悩むあなたが「もう、やめていい」32のこと』（日本文芸社）、『金持ち体質と貧乏体質』（KKベストセラーズ）など著書多数。

「とにかく優位に立ちたい人」を軽くかわすコツ

2017年９月12日　第１刷発行

著　者　石原加受子
発行人　鈴木昌子
編集人　吉岡　勇
編集長　倉上　実
発行所　株式会社　学研プラス
〒141-8415
東京都品川区西五反田2-11-8
印刷所　中央精版印刷株式会社

〈この本に関するお問い合わせ先〉
【電話の場合】
･編集内容については
TEL 03･6431･1473（編集部直通）
･在庫･不良品（落丁･乱丁）については
TEL 03･6431･1201（販売部直通）
【文書の場合】
〒141-8418 東京都品川区西五反田2-11-8
学研お客様センター『「とにかく優位に立ちたい人」を軽くかわすコツ』係
〈この本以外の学研商品に関するお問い合わせ先〉
TEL 03･6431･1002（学研お客様センター）

学研の書籍・雑誌についての新刊情報、詳細情報は下記をご覧ください。
学研出版サイト　http://hon.gakken.jp/